财务会计“云”系列智慧型教材 微课版

U0885695

审计实务

主　编　唐　亮　杨　玲　张建峰
副主编　梁燕华　蒋雨薇　张　欣　朱永华

電子工業出版社
Publishing House of Electronics Industry
北京 · BEIJING

内 容 简 介

“审计”是一门专门研究审计理论和方法，探索审计发展规律，对经济活动进行有效监督的社会学科。

本书共分为12个项目，包括：认知审计，审计准则、审计依据与注册会计师职业道德规范，审计目标、审计对象与审计程序，审计重要性、审计风险与审计计划，内部控制，审计证据与审计工作底稿，销售与收款循环审计，采购与付款循环审计，生产与费用循环审计，投资与筹资循环审计，货币资金审计，审计报告。

本书配有智慧职教云平台（简称教学平台），将教学视频、动画、在线实操、实时测评等教学资源和教材紧密结合起来，为课堂教学提供强有力的补充，使教师易教、学生易学。

本书既可以作为高等职业院校会计专业相关课程的教学用书，也可供从业人员参考使用。

图书在版编目 (CIP) 数据

审计实务 / 唐亮，杨玲，张建峰主编 .— 北京：电子工业出版社，2019.8
ISBN 978-7-121-36780-9

Ⅰ.①审… Ⅱ.①唐… ②杨… ③张… Ⅲ.①审计学－高等职业教育－教材 Ⅳ.① F239.0

中国版本图书馆 CIP 数据核字 (2019) 第 108120 号

责任编辑：张云怡　　文字编辑：王英欣
印　　刷：三河市双峰印刷装订有限公司
装　　订：三河市双峰印刷装订有限公司
出版发行：电子工业出版社
　　　　　北京市海淀区万寿路173信箱　　邮编：100036
开　　本：787×1092　1/16　　印张：13.75　字数：352千字
版　　次：2019年8月第1版
印　　次：2020年12月第3次印刷
定　　价：49.00元

凡所购买电子工业出版社图书有缺损问题，请向购买书店调换。若书店售缺，请与本社发行部联系，联系及邮购电话：（010）88254888，88258888。

质量投诉请发邮件至 zlts@phei.com.cn，盗版侵权举报请发邮件至 dbqq@phei.com.cn。

本书咨询联系方式：（010）88254573，zyy@phei.com.cn。

前　　言

“审计”是高等职业教育会计教学难度较大的一门课程。本书从培养高素质、技能型人才的目标出发，建设“主体教材＋实训教程＋教学资源”的立体化教材体系，在夯实理论的基础上，突出岗位职业技能训练，凸显视频、动画等任务演示型教学资源在基础教学中的作用。

本书有以下特点：

（1）符合科学性、综合性、实用性、针对性、适时性、有效性原则。

（2）以学生就业为导向，以企业用人标准为依据。在专业知识安排上，以实训为重点，删繁就简，加强技能与核心专业水平训练。

（3）衡量教学体验，综合全面认知。在知识点的编写上，从文本、视频、习题、实训四个维度来体现，提高教与学的体验，达到直观、清晰的认知效果。

（4）以实时测评为手段，以数据分析为支撑。教师在课堂上可以实现实时测评练习，后台数据分析，更加有效地掌握教学效果。

（5）学生可以浏览教学资源中的文本文件、知识点动画视频，直观、清晰、全面，加强对所学知识的理解；教师和学生可以深度交互，教师发布作业实现教学管理，学生在数字平台完成任务后提交，题库含有测评解析，再次巩固所学知识点；学生在数字平台进行交互仿真随堂实训练习，真实感受现实经济业务的会计处理，从而提高专业水平。学生随时可以预习、复习、练习，教师随时答疑批复，不再受传统面授的时间和空间限制。

教材是教师和学生沟通的媒介，通过数字平台，教师发布任务，学生能够迅速反应，提交任务。在横向上，分析学员成绩数据和不同题目的掌握情况；在纵向上，分析每周的学习进度和期末成绩，真正做到根据数据反馈，控制教学进度和学生认知接受度。

本书由唐亮（河北建材职业技术学院）、杨玲（岳阳职业技术学院）、张建峰（河北建材职业技术学院）担任主编；梁燕华（岳阳职业技术学院）、蒋雨薇（辽宁生态工程职业学院）、张欣（唐山学院）、朱永华（辽宁现代服务职业技术学院）担任副主编；徐铭阳（承德技师学院）参与了本书的编写。

在本书的编写过程中，编者参考了近年来出版的相关专著、教材及杂志，以及网上的相关资料，在此一并向其作者表示衷心的感谢。

由于编者水平有限，难免有疏漏和不足之处，敬请专家和读者批评、指正。

编　　者

2019年5月

目录

1 认知审计

揭开面纱识审计

CFO 导语

第一次接触审计学，应该了解：

1. 审计是什么样的工作？
2. 审计有什么用？
3. 审计是如何产生和发展的？
4. 如何对审计进行分类？
5. 我国的审计组织有哪些形式？

本项目架构

- 审计的概念与种类
- 审计的产生与发展
- 我国审计组织的主要形式
- 审计的职能与作用

1.1 审计的概念与种类

——审计是一项什么样的工作？

1-1

cfo 要求你懂得

什么是审计——审计的概念
进一步理解审计——审计的特征
都有哪些审计——审计的种类

关键术语

审计（audit）
独立性（independence）
权威性（authority）
国家审计（state audit）
社会审计（social audit）
内部审计（internal audit）

1.1.1 审计的概念与特征

1. 审计的概念

在我国，“审计”一词最早见于《宋史》。从词义上解释，“审”为审查，“计”为会计账目，“审计”就是审查会计账目。“审计”一词的英文单词为“audit”，注释为“查账”和“旁听”的含义。可见，早期审计就是审查会计账目，与会计账目密切相关。

如今，审计早已大大发展，超越了查账的范畴，涉及对各项工作的经济性、效率性和效果性的查核。对于审计的概念，不同组织、部门对其的解释并不完全一致。综合来看，我们可以对审计理解为：审计是由国家授权或接受委托的专职机构和人员，依照国家法规、审计准则和会计理论，运用专门的方法，对被审计单位的财政财务收支、经营管理活动及其相关资料的真实性、正确性、合规性、合法性、效益性进行审查和监督，评价经济责任，鉴证经济业务，用于维护财经法纪和改善经营管理，以及提高经济效益的一项独立性经济监督活动。

2. 审计的特征

根据审计的概念，我们可知，审计具有两个主要的本质：一是审计是一种经济监督活动；二是审计具有独立性，这一点也是审计区别于其他经济监督的关键所在。由此，可以概括出审计与其他专业性经济监督活动相比较而言，具有的两个基本特征：独立性和权威性。

（1）独立性。独立性是审计的本质特征，也是保证审计工作顺利进行的必要条件。

独立性是现代审计理论中的三种审计关系人的产生依据。三种审计关系人，也称为审计关系的三要素。第一关系人，即第一要素，是审计人，即审计主体，它们根据审计委托者的委托，进行审计；第二关系人，即第二要素，是被审计人，即审计客体，它们对审计委托者承担受托经济责任；第三关系人，即第三要素，是审计委托人，它们委托或授权审计人员对财产经营者的受托管理责任履行情况进行审计。

理解

其中第一关系人，即审计人员必须独立于第二关系人和第三关系人，保持独立的地位，不受其中的任何一方影响和干扰，根据公认的标准，不偏不倚、客观公正地做出判断和评价，保护各有关方面的权益。

在现代审计体系中，审计的独立性在社会审计中表现得最为充分。社会审计的独立性体现在实质上的独立和形式上的独立。所谓实质上的独立，是要求注册会计师与委托单位之间必须实实在在地毫无利害关系。注册会计师只有与委托单位保持实质上的独立，才能够以客观、公正的心态发表审计意见。所谓形式上的独立，是指注册会计师针对第三者而言的。注册会计师必须在第三者面前呈现一种独立于委托单位和被审计单位的身份，即在他人看来注册会计师是独立的。由于注册会计师的审计意见是相关利害关系人的决策依据，因此注册会计师必须同时保持实质上的独立和形式上的独立，只有这样才会得到社会公众的信任。

举例：某会计师事务所的注册会计师刘某在华信食品股份有限公司担任财务总监。若华信食品股份有限公司委托会计师事务所对其进行年终审计，注册会计师刘某不得参与该项审计。因为刘某对于华信食品股份有限公司而言，不具有独立性。

（2）权威性。审计的权威性，是保证有效行使审计权的必要条件。因此，审计的权威性与独立性是紧密相关的，它离不开审计组织的独立地位与审计人员的独立执业。各国国家法律对实行审计制度、建立审计机关，以及审计机构的地位和权力都做了明确规定，使审计具有法律的权威性，从法律上赋予审计超脱的地位及监督、评价、鉴证职能。

审计人员依法执行职务，受法律保护，任何组织和个人不得拒绝、阻碍审计人员依法执行职务，不得打击报复审计人员。审计机关有检查权、调查取证权和按要求报送资料权，以及采取临时强制措施权等。我国审计人员在依法审计过程中，如被审计单位拒绝、阻碍审计的实施或有违反国家规定的财政财务收支行为时，审计机关有权做出处理、处罚的决定或建议，这些都体现了我国审计的权威性。

1.1.2 审计的种类

审计可以按照不同的分类标准进行分类。一般来说，可以按照审计主体、审计内容、审计范围和审计执行地点等进行分类。

（1）按审计主体分类。审计主体，即审计行为的执行者。如果按审计主体进行分类，可分为国家审计、社会审计和内部审计。

① 国家审计，也称政府审计，是指由国家审计机关所实施的审计。即审计行为的执行者是国家审计机关。

② 社会审计，也称注册会计师审计、民间审计，是指具有审计资格的会计师事务所的注册会计师实施的审计。即审计行为的执行者是会计师事务所的注册会计师。

③ 内部审计，也称部门和单位审计，是指由单位内部独立于财会部门以外的专职审计机构所进行的审计。即审计行为的执行者是内部审计机构。

理·解

某会计师事务所接受华信食品股份有限公司的委托，对其进行年终审计，属于社会审计。华信食品股份有限公司独立设置审计部门，定期对公司内部的财务和经营管理进行审计，属于内部审计。北京市审计局对其下辖的密云区进行2017年的财务决算情况进行审计，属于政府审计。

（2）按审计内容分类。审计内容，即审计活动的对象。如果按审计内容进行分类，审计通常分为财政财务审计、经济效益审计和财经法纪审计。

① 财政财务审计，是指审计机构对国家机关、企事业单位的财政、财务收支活动和反映其经济活动的会计资料进行的审计。其目的主要是判断被审计单位的经济活动包括财政和财务收支活动的真实性、合法性和会计处理方法的一贯性。

② 经济效益审计，是指审计机构对被审计单位或项目的经济活动包括财政、财务收支活动的效益性进行审查。其目的主要是评价被审计单位或项目的经济效益的优劣，以利于不断提高企业的经济效益。

③ 财经法纪审计，是指国家审计机关和内部审计部门对严重违反财经法纪的行为所进行的专项审计。目的在于维护财经法纪，保护国家和人民财产的安全和完整。

理·解

北京市审计局对2017年的财务决算情况进行审计，属于财政财务审计。华信食品股份有限公司设置的内部审计部门年终对该公司的生产力各要素开发利用情况和企业的管理素质与水平进行审计和评价，属于经济效益审计。

（3）按审计范围分类。审计范围是指针对特定审计对象所开展的审计实践活动在空间上所达到的广度。如果按审计范围分类，审计可分为全面审计和局部审计。

① 全面审计，是指对被审计单位一定时期的全部经济活动所进行的审计。这类审计范围广、工作量大，适用于规模小、业务简单的单位。另外，被审计单位内部控制薄弱、会计核算质量差的单位，也有必要开展全面审计。

② 局部审计，又称部分审计，是指对被审计单位一定期间的财务收支或经营管理活动的某些方面及其资料进行部分有目的、有重点的审计。

理·解

某会计师事务所仅对华信食品股份有限公司的银行存款进行的审计，属于局部审计。如果华信食品股份有限公司内部控制薄弱，瑞实会计师事务所对其2017年的全部经济活动进行的审计，属于全面审计。

（4）按审计执行地点分类。审计执行地点是指审计活动开展的地点。如果按审计执行地点分类，审计可分为报送审计和就地审计。

① 报送审计，或者称送达审计，是指被审计单位将各项预算、计划、会计决算报表和其他有关资料，按照规定的日期（月、季、年）送达审计机构进行审计。

② 就地审计，是指由审计机构派出审计人员到被审计单位进行的现场审计。

理·解

企业委托会计师事务所对其进行的年终审计通常采用就地审计。行政机关的经费报销审计通常采用报送审计。

1.2 审计的产生与发展

——审计是在什么基础产生并发展起来的？

cfo 要求你懂得

审计是在一定基础上产生的——审计产生和发展的基础

我国审计的产生和发展情况——我国审计的产生和发展

西方国家审计的产生和发展情况——西方国家审计的产生和发展

关键术语

政府审计（the government audit）
民间审计（the folk audit）

1.2.1 我国审计的产生与发展

1. 审计产生和发展的基础

审计是因授权管理经济活动的需要而产生的，受托经济责任关系是审计产生和发展的基础。受托经济责任关系一般涉及两个当事人，一个是委托人，另一个是受托人（或代理人）。产生受托经济责任关系的根本原因是所有权和经营权的分离。

理解

华信食品股份有限公司拥有大小股东65个，由董事会聘请的经理刘某直接经营企业，而刘某并不是公司的股东。这种情况下，华信食品股份有限公司的股东和经理刘某之间是委托和受托的关系。股东是公司的所有者，对公司有所有权，而刘某是公司的经营者，对公司有经营权，他们之间是分离的。如果股东想要知道刘某的经营情况，需要有一个公正的第三方进行审查。

在生产力低下的早期社会不需要审计。但随着社会生产力的提高和社会经济的发展与社会财富的增加，使剩余的生产产品逐渐集中在少数人手中，当生产资料的所有者不能直接对其拥有的资源进行管理和经营时，就会委托或授权他人代为管理和经营，这就导致了所有权与经营管理权的分离。所有者想要了解经营者是否诚实地承担了自己的受托经济责任，就会对其进行监督，以监督检查为基本职能的审计逐渐产生和发展起来。

2. 我国审计的产生与发展

（1）我国政府审计的产生与发展。我国政府审计的发展大体上可分为六个阶段：西周初期初步形成阶段；秦汉时期最终确立阶段；隋唐时期至宋代健全阶段；元明清时期停滞不前阶段；民国时期不断演进阶段；新中国成立后振兴阶段。

我国国家审计产生于西周初期，最早的审计职务是西周时期的“宰夫”。

秦汉时期是我国审计的确立阶段，主要表现在以下三个方面：一是初步形成了统一的审计模式。秦汉时期逐渐形成全国审计机构和监察机构相结合，经济法制与审计监督制度相统一的审计模式。二是“上计”制度日趋完善。所谓“上计”，就是皇帝亲自参加听取和审核各级地方官吏的财政会计报告，以决定赏罚的制度。三是审计地位提高，职权扩大。御史制度是秦汉时期审计建立的重要组成部分，秦汉时期的御史大夫不仅行使政治和军事的监察之权，还行使经济的监督之权，控制和监督财政收支活动，稽核财政收入情况。

隋代设立比部，隶属于部官或刑部，掌管国家财计监督，行使审计职权。唐代改设三省六部，六部之中，刑部掌天下律令、刑法、徒隶等政令，比部仍隶属于刑部，比部审查范围极广、项目众多，而且具有很强的独立性和较高的权威性。宋代设立审计司，隶属于太府寺，后改称为审计院。宋代审计司（院）的设立，是我国“审计”的正式命名，从此，“审计”一词便成为财政监督的专用名词，对后世中外审计建制具有深远的影响。

元代取消比部，户部兼管会计报告的审核，独立的审计机构即告消亡。明代初期设立比部，不久即取消，洪武十五年设立都察院，以左右都御史为长官，审察中央财计。清承明制，设立都察院，成为最高的监察、监督、弹劾和建议机关。虽然明清时期的都察院制度有所加强，但其行使审计职能，却具有一揽子性质。由于取消了比部这样的独立审计组织，其财计监督和政府审计职能严重削弱，与唐代行使司法审计监督职能的比部相比，后退了一大步。

民国时期1912年在监察院下设审计部，1914年北洋政府改为审计院，同年颁布了《审计法》。国民党政府也于1928年颁布过《审计法》和实施细则，次年还颁布了《审计组织法》，审计人员有审计、协审和稽察等职称。中华人民共和国成立以后，国家没有设立独立的审计机构。对企业的财税监督和货币管理，是通过不定期的会计检查进行的。

我国1982年修改的《中华人民共和国宪法》中规定，建立政府审计机构，实行审计监督，并于1983年9月成立了我国政府审计的最高机关——审计署，在县以上各级人民政府设立各级审计机关。1985年8月发布《国务院关于审计工作的暂行规定》，1988年11月颁发了《中华人民共和国审计条例》，1995年1月1日《中华人民共和国审计法》的实施，这从法律上进一步确立了政府审计的地位，为其进一步发展奠定了良好基础。

（2）我国民间审计的产生与发展。我国的民间审计在20世纪初伴随着资本主义工商业的发展而产生。

1918年6月，著名会计学家谢霖上书当时北洋政府的财政部和农商部，要求推行中国会计师制度。同年9月，农商部颁布了我国第一部注册会计师法规《会计师暂行章程》，并沿用谢霖呈文中的称谓，将注册会计师命名为“会计师”，“会计师”一词便从此产生，一直沿用至新中国成立。之后，农商部又向谢霖先生颁发了我国第一号会计师证书。几年后，谢霖在北京创办了我国第一家会计师事务所，取名为“正则会计师事务所”。会计师证书的颁发及会计师事务所的创立，标志着我国民间审计的诞生。此后，我国会计师职业不断向前发展，业务范围不断扩大，并于1925年在上海成立了我国第一个民间审计职业组织——上海会计师公会，各地的会计师公会也都相继成立，我国的会计师职业因此得到了确立。

1927年，南京国民政府财政部颁发了《会计师注册章程》，1929年农商部又颁发了《会计师章程》。由于在《会计师章程》中对会计师的资历及考试要求有所放宽，使会计师人数迅速增加，会计师事务所的组织和业务都得到了一定的发展。1930年国民政府颁布了经立法院通过的《会计师条例》，第一次以立法的形式明确了会计师职业的法律地位。1935 年又发布了《会计师条例》修订稿，进一步放宽了会计师的学历、资历条件，促进了会计师队伍规模的扩大及各地会计师事务所的创立。在这一时期内，随着会计师队伍业务素质的不断提高，实业界对会计师事务所的认识也在不断加深，会计师事务所开始遍及全国各大中城市，业务范围也得到了极大的扩展。

在新中国成立初期，注册会计师依然在恢复国民经济方面发挥了重要的作用。但是随着 1956 年我国完成了对生产资料私有制的社会主义改造，确立了计划经济体制，注册会计师便丧失了其职业基础，民间审计也随之消失。

1980 年 12 月 14 日，财政部颁发了《中华人民共和国中外合资经营企业所得税实施细则》，其中规定外资企业的财务报表要由注册会计师进行审计，为恢复我国注册会计师制度提供了法律依据。1980 年 12 月 23 日，财政部发布了《关于成立会计顾问处的暂行规定》，对注册会计师的资格、业务范围等事项做出了规定，迈出了我国开始重建注册会计师制度的第一步。1981 年 1 月 1 日，经财政部批准后，在上海成立了新中国第一家独立承办审计业务的会计师事务所“上海会计师事务所”，随后全国各地也相继成立了会计师事务所。这一时期，注册会计师的服务对象主要是外商投资企业。1986 年 7 月 3 口，国务院颁发了《中华人民共和国注册会计师条例》，明确规定了注册会计师的审计原则、工作规则和业务范围等内容。1988 年 11 月 15 日，在财政部的领导下，中国注册会计师协会（以下简称中注协）正式宣告成立，开始着手制定注册会计师执业规范。1993 年 10 月 31 日，我国颁布了《中华人民共和国注册会计师法》，自 1994 年 1 月 1 日起实施。1995 年 12 月，我国颁布了《中国注册会计师独立审计准则》。它们的颁布和实施，标志着我国现代民间审计日益成熟。2006 年 2 月 15 日，中注协发布了新修订的与国际审计准则趋同的审计准则。在国家法律、法规的规范下，我国注册会计师行业得到了快速发展。

（3）我国内部审计的产生与发展。我国早期的皇室审计、寺院审计均属于内部审计范畴。

现代内部审计在民国时期已诞生，但在中华人民共和国成立初期被撤销。

我国社会主义内部审计从 1983 年以后逐步建立起来。1984 年在部门和单位内部成立了审计机构，实行内部审计监督。1985 年 10 月颁布了《审计署关于内部审计工作的若干规定》。1987 年我国成立中国内部审计学会，2000 年改名中国内部审计师协会。2003 年 5 月 1 日，审计署颁布施行了《审计署关于内部审计工作的规定》。

从此，我国形成了政府审计、民间审计和内部审计三位一体的审计监督体系，审计制度和审计工作进入了全面振兴时期。

1.2.2 西方国家审计的产生与发展

早在奴隶制度下的古罗马、古埃及和古希腊时期，已有审计机构。审计人员以“听证”方式，进行具有审计性质的经济监督工作。美国于 1921 年成立总审计局，是隶属于国会的独立经济监督机构，担负着为国会行使立法权和监督权提供审计信息和建议的重要职责。

现代意义上的西方民间审计是伴随着 18 世纪初期到 19 世纪中期产业的完成而开始的。股份有限责任公司的出现，使西方现代民间审计制度应运而生。1853 年在苏格兰的爱西堡成立了爱西堡会计师协会，这是世界上第一个执业会计师的专业团体。随后，英国的社会审计传入了美国，

1886 年纽约公布了《公证会计师法》，1887 年成立了美国公共会计师协会，后改为美国注册公共会计师协会，成为当今美国最大的会计师团体。

西方内部审计最早表现为奴隶社会时期发展起来的庄园审计、宫廷审计。1941 年国际内部审计师协会成立。

1.3 我国审计组织的主要形式
——我国审计是以什么形式存在的？

cfo 要求你懂得

代表政府依法行使审计监督权的行政机关——政府审计机关
单位内部设置的审计组织——内部审计机构
会计师事务所——民间审计组织

关键术语

政府审计机关（government audit office）
内部审计机构（internal audit institution）
民间审计组织（civil audit organization）
会计师事务所（account firm）
注册会计师（certified public accountant，cpa）

1.3.1 政府审计机关

政府审计机关是代表政府依法行使审计监督权的行政机关，它具有宪法赋予的独立性和权威性。

1. 政府审计机关及人员

我国政府审计机关实行统一领导和分级负责的原则。国务院设立审计署，在国务院领导下主管全国的审计工作，对国务院负责并报告工作。审计署设审计长一人，由国务院总理提名，全国人民代表大会计决定，国家主席任命；设副审计长若干人，由国务院任命。

审计署根据工作需要：

（1）可以在重点地区和部门设立派出机构，进行审计监督。

（2）在国务院各部委设立派出机构，进行审计监督。

（3）按工作内容和范围分设财政、金融和外贸外资等审计部门。

县级以上各级人民政府设立审计机关。地方各级审计机关分别在省长、自治区主席、市长、州长、县长、区长和上一级审计机关的双重领导下，组织领导本行政区的审计工作，负责领导本级审计机关审计范围的审计事项，对上一级审计机关和本级人民政府负责并报告工作。地方各级审计机关负责人的任免，应当事先征求上一级审计机关的意见。

2. 职责权限

国家审计机关依法独立行使审计监督权，对国务院各部门和地方人民政府、国家财政金融机构、国有企事业单位，以及其他有国有资产的单位的财政、财务收支及其经济效益进行审计监督；对违反财经法规的被审计单位，可按有关规定进行处理。

3. 政府审计机关审计监督活动的原则

政府审计是高层次的经济监督，进行审计监督活动的原则主要体现在以下三个原则：

（1）合法性原则。审计工作的整个过程应按照审计法规的规定进行；审计机关在审计时应按照法律规定的权限，依法取证；审计工作以国家法规和制度为监督依据。

（2）独立性原则。审计机关在国务院总理领导下，依照法律规定独立行使审计监督权，不受其他行政机关、社会团体和个人的干涉。

（3）强制性原则。政府审计机关的审计活动具有强制性，被审计单位和有关人员必须积极配合审计机关的工作；审计机关做出的审计结论和决定，被审计单位和有关人员必须执行。

1.3.2　内部审计机构

内部审计机构，是指在部门和单位内部从事组织和办理审计业务的专门组织。

1. 内部审计机构的设置

根据相关规定，国务院各部门和地方人民政府各部门、国有的金融机构和企业事业组织，以及法律、法规和规章规定的其他单位依法实行内部审计制度，并在下列单位设立独立的内部审计机构：

（1）审计机关未设派出机构，财政、财务收支金额较大或所属单位较多的政府部门。

（2）县级以上国有金融机构。

（3）国有大中型企业。

（4）国有资产占控股地位或主导地位的大中型企业。

（5）国家大型建设项目的建设单位。

（6）财政、财务收支金额较大或所属单位较多的国家事业单位。

（7）其他需要设立内部审计机构的单位。

上述单位可以根据需要，设立总审计师。其他审计业务较少的单位，可以设置专职内部审计人员。根据内部审计机构设置的范围，我国内部审计机构包括部门内部审计机构和单位内部审计机构。部门内部审计机构，指国务院和县以上地方各级政府按行业划分的业务主管部门设置的专门审计机构。单位内部审计机构，指国有金融机构和国家企事业等单位设置的专门机构。

2. 内部审计机构的职责权限

我国内部审计机构在本单位主要负责人的直接领导下，依照国家法律、法规和政策，以及本部门和本单位的规章制度，对本单位及所属单位的财政、财务收支及其经济效益进行内部审计监督，独立行使内部审计监督权，对本单位领导负责并报告工作。

1.3.3 民间审计组织

民间审计组织是指根据国家法律或条例规定，经政府有关部门审核批准，注册登记的会计师事务所。

1. 会计师事务所

会计师事务所是指依法独立承担注册会计师业务的中介服务机构，是由有一定会计专业水平和经考核后取得证书的会计师组成的，受当事人委托承办有关审计、会计、咨询和税务等方面业务的组织。

会计师事务所不属于国家机关，经济上也不依赖于国家或其他任何单位，实行自收自支、独立核算，并依法纳税。

我国会计师事务所的组织形式主要有合伙制和有限责任公司制，其中合伙制包括普通合伙制和特殊普通合伙制。

普通合伙制会计师事务所，是由两位或两位以上注册会计师组成的合伙组织。合伙人以各自的财产对会计师事务所的债务承担无限连带责任。

对于特殊普通合伙组织形式的会计师事务所，一个合伙人或数个合伙人在执业活动中因故意或重大过失造成合伙企业债务的，应当承担无限责任或无限连带责任，其他合伙人以其在合伙企业中的财产份额承担有限责任。合伙人在执业活动中非因故意或非重大过失造成的合伙企业债务，以及合伙企业其他债务，由全体合伙人承担无限连带责任。

有限责任公司制会计师事务所，是由注册会计师认购会计师事务所股份，并以其所认购股份对会计师事务所承担有限责任。会计师事务所以其全部资产对其债务承担有限责任。

2. 注册会计师

注册会计师（CPA），是指取得注册会计师证书并在会计师事务所执业的人员，是从事社会审计、中介审计和独立审计的专业人士。

目前在我国，取得执业注册会计师资格主要通过考试和实际工作经验年限考核两方面确定。财政部成立注册会计师考试委员会(简称财政部考委会)，组织领导注册会计师全国统一考试工作。各省、自治区、直辖市财政厅（局）成立地方注册会计师考试委员会（简称地方考委会），组织领导本地区注册会计师全国统一考试工作。参加注册会计师全国统一考试成绩合格，并从事审计业务工作2年以上的，可以向省、自治区、直辖市注册会计师协会申请注册。注册会计师协会应当将准予注册的人员名单报国务院财政部门备案。准予注册的申请人，由注册会计师协会发给国务院财政部门统一制定的注册会计师证书。

注册会计师执业资格考试合格，并在中国境内从事审计业务工作2年以上者，可以申请注册为执业会员（即签字注册会计师）；取得注册会计师执业资格考试合格，但尚未在中国境内从事审计业务工作2年以上者，可以自行向取得全科合格证书的省级注册会计师协会申请注册为非执业会员。

3. 注册会计师协会

中国注册会计师协会，简称中注协（CICPA），是中国大陆的注册会计师行业组织，成立于1988年11月15日。

中国注册会计师协会最高权力机构为全国会员代表大会，全国会员代表大会选举产生理事会。理事会选举产生正副会长和常务理事会，理事会设若干专门委员会和专业委员会。中国注册会计师协会下设秘书处，为其常设执行机构。

中国注册会计师协会的会员包括注册会计师（执业会员）和非执业会员。执业会员又分为注册会计师个人会员和会计师事务所团体会员。

中国注册会计师协会的宗旨是服务、监督、管理、协调，即以诚信建设为主线，服务本会会员，监督会员执业质量和职业道德，依法实施注册会计师行业管理，协调行业内、外部关系，维护社会公众利益和会员合法权益，促进行业科学发展。

4. 业务范围

注册会计师的业务包括鉴证业务和非鉴证业务。

（1）鉴证业务。鉴证业务主要包括审计业务、审阅业务和其他鉴证业务。

审计业务主要包括：

① 审查企业财务报表，出具审计报告。

② 验证企业资本，出具验资报告。

③ 办理企业合并、分立和清算事宜中的审计业务，出具有关的报告。

④ 办理法律和行政法规规定的其他审计业务，出具相应的审计报告。

审阅业务主要是对中期财务信息进行审阅，对鉴证结论提供一种有限保证。其目标是注册会计师在实施审阅程序的基础上，说明是否注意到某些事项，使其相信财务报表没有按照适用的会计准则的规定编制，未能在所有重大方面公允反映被审阅单位的财务状况、经营成果和现金流量。

其他鉴证业务，是指对非历史的财务信息（如招股说明书和贷款的未来现金流量预测）、非财务信息（如药品疗效和奖票统计）进行鉴证。

（2）非鉴证业务。非鉴证业务，是指注册会计师的相关服务，主要包括对财务信息执行商定程序、代编财务信息、税务服务、管理咨询及会计服务。

1.4 审计的职能与作用

——审计在经济活动中是起着重大作用的

1-4

cfo 要求你懂得

通过审计，国家政府可以严肃财经纪律——审计的职能
审计可以揭露背离社会主义方向的经营行为——审计的作用

关键术语

经济监督（economic supervision）
经济确认（economic confirmation）
经济鉴证（economic appraisal）

1.4.1 审计的职能

审计职能是指审计本身所固有的内在功能。对于审计职能的论述，有很多不同的见解，通常认为审计主要具有经济监督、经济确认和经济鉴证三大职能。

1. 经济监督

经济监督是指监察和督促被审计单位的全部经济活动或其某一特定方面在规定的标准以内，在正常的轨道上进行。经济监督是审计的基本职能，体现在审计工作的各个方面。通过审计，国

家政府可以揭露违法违纪，严肃财经纪律，稽查损失浪费，维护国家、人民和国有资产的利益，可以查明错误弊端，判断管理缺陷和追究经济责任，保证政府机关和国有企事业单位经济活动的合法性。

2. 经济确认

经济确认就是通过审核检查，确定被审计单位的计划、预算、决策和方案是否先进可行，经济活动是否按照既定的决策和目标进行，经济效益的高低优劣，以及内部控制系统是否适当有效，从而有针对性地提出意见和建议，以促使其改善经营管理，提高经济效益。

审核检查是经济确认的前提，只有查明了被审计单位的客观事实，才能按照一定的标准，进行对比分析，形成各种经济确认意见。同时，经济确认也是肯定成绩、发现问题的过程。因此，经济确认职能的扩展，就是审计咨询。审计咨询是审计人员从经济确认出发，提出改进经济工作、提高工作效率的建议和措施。

3. 经济鉴证

经济鉴证是指审计机构和审计人员对被审计单位会计报表及其他经济资料进行检查和验证，确定其财务状况和经营成果是否真实、公允、合法、合规，并出具书面证明，以便为审计的授权人或委托人提供确切的信息，并取信于社会公众的一种职能。

经济鉴证职能是随着现代审计的发展而出现的一项职能，很多国家法律规定公司财务报表须经过审计人员鉴证之后，才能获得社会上的承认。我国公司财务报表须经中国注册会计师鉴证后，才具有法律效力。因此，审计的经济鉴证职能在经济生活中发挥着非常重要的作用。

理解

某会计师事务所对华信食品股份有限公司的会计报表及其他经济资料进行检查和验证，确定其财务状况和经营成果是否真实、公允、合法、合规， 最后出具审计报告。这主要体现了审计的经济监督职能。某会计师事务所的审计人员通过审核检查，评定华信食品加工厂的经营决策、计划和方案是否切实可行、是否科学先进、是否贯彻执行，评定华信食品股份有限公司内部控制制度是否健全和有效，评定华信食品股份有限公司各项会计资料及其他经济资料是否真实和可靠，评定华信食品股份有限公司各项资源的使用是否合理和有效，并根据评定的结果，提出改善经营管理的建议。这属于经济评价职能。如果某会计师事务所接受某中外合资经营企业的委托，对其投入资本进行验资，对其年度财务报表进行审查，或者对其合并、解散事项进行审核，然后出具验资报告、查账报告和清算报告，则属于审计执行经济鉴证职能。

1.4.2 审计的作用

审计的作用是履行审计职能、实现审计目标过程中所产生的社会效果。通常来说，审计具有制约和促进的两大作用。

1. 审计的制约作用

审计通过揭露、制止和处罚等手段，来制约经济活动中的各种消极因素，有助于各种经济责任的正确履行和社会经济的健康发展。

（1）揭露背离社会主义方向的经营行为。党和国家各项方针、政策及法规制度，是千百万个企事业单位能够按照社会主义方向正确经营的保证。国家机关和各企事业单位能够忠实地贯彻执行，就能保证正确的经营方向，否则就会背离社会主义方向。审计通过检查监督，就能发现被审计单位贯彻方针政策和法规制度的情况，就能揭露和制止违反国家法规的行为，以利于社会主义经济健康发展。

（2）揭露经济资料中的错误和舞弊行为。会计资料及其他各种经济资料，应该真实、正确、合理、合法地反映经济活动的事实。但不少单位的经济资料不仅存在错误，而且存在着有意造假现象，以图掩饰非法的经济行为。通过审计的检查监督，不仅可以揭露出经济资料的错误和舞弊，而且还可以揭发经济业务中的错误和舞弊行为，从而进一步追究有关负责人的责任和考查有关管理人员的政治和业务素质。

（3）揭露经济生活中的各种不正之风。不论是财政财务审计还是经济效益审计，都可以通过对经济活动的审查监督，揭露出社会上不正当的各种各样的经济关系、经济思想和经济行为，进行必要的处理，提出改正意见，刹住不正之风，促进廉政建设。

（4）打击各种经济犯罪活动。各种审计特别是财政财务审计，可以发现和查明贪污盗窃、行贿、受贿、偷税、漏税、骗税、走私、造假账、化预算内为预算外、化大公为小公和化公为私，以及损失浪费等经济犯罪行为，并配合党的纪律检查工作、行政纪律监察工作，法院和检察机关的司法侦查工作，以及各种临时检查工作，进行查证与鉴定，以充分发挥审计的特有作用。

2. 审计的促进作用

审计通过调查、评价和提出建议等手段，来促进和服务宏观经济调控，促进微观经济管理，以助于国民经济管理水平和绩效的提高。

（1）促进经济管理水平和经济效益的提高。通过财政财务审计和经济效益审计，可以发现影响被审计单位财务成果和经济效益的各种因素，并针对问题的所在提出切实可行的改善措施，这样就有利于被审计单位改善物质技术条件和人员管理素质，进一步挖掘潜力，提高经济效益。

（2）促进内部控制制度建全和完善。通过对内部控制制度审计和评价，可以发现制度本身的完善程度、履行情况及责任归属等问题，并向有关方面反馈信息，以促进内部控制制度的进一步完善和正确的执行。

（3）促进社会经济秩序的健康运行。审计部门作为对一切国有资产的监督部门，通过微观审计和宏观调查，都可以发现社会主义经济生活中一些违法乱纪和破坏正常经济秩序的现象和行为，审计机关和人员不仅有向有关领导和宏观管理部门反映信息的义务，而且有提出处理意见和改进措施的权力。这就有利于维护正常的经济秩序，确保国民经济健康发展。

（4）促进各种经济利益关系的正确处理。无论是微观审计还是宏观调查，都可以发现一些在处理国家、地区、集体和个人之间经济利益关系方面存在的问题。这些问题的存在使一些单位和个人获得了一些不正当的经济利益，也挫伤了一部分人的积极性，更严重的是损害了国家利益。审计通过信息反馈和提出一些改进意见，有利于协调各方面的经济利益关系，使“责、权、利”更加密切结合，以助于微观经济中的有关矛盾的解决和宏观调控工作的加强。

阅读：

英国南海股份公司审计案例

1710年，英国政府用发行中奖债券所募集到的资金创立了南海股份公司。经过近10年的经营，该公司业绩依然平平。1719年，英国政府允许中奖债券总额的70%，即约1 000万英镑，与南海公司股票进行转换。该年底，公司的董事们开始对外散布各种所谓的好消息，即南海公司在年底将有大量利润可实现，并煞有其事地预计，在1720年的圣诞节，公司可能要按面值的60%支付股利。

这一消息的宣布，加上公众对股价上扬的预期，促进了债券转换，进而带动了股价上升。1719年，南海公司股价为114英镑，1720年3月，股价攀升至300英镑以上，到了1720年7月，股票价格已高达1 050英镑。此时，南海公司老板布伦特又想出了新主意：以数倍于面额的价格，发行可分期付款的新股。同时，南海公司将获取的现金，转贷给购买股票的公众。这样，随着南海股价的扶摇直上，一场投机浪潮席卷全国。由此，170多家新成立的股份公司股票及原有的公司股票，都成了投机对象。

1720年6月，英国国会通过了《泡沫公司取缔法》，该法对股份公司的成立进行了严格的限制，只有取得国王的御批，才能得到公司的经营执照。事实上，股份公司的形式基本上名存实亡。由此，许多公司被解散，公众开始清醒过来，对一些公司的怀疑逐渐扩展到南海公司身上。从7月份开始，外国投资者首先抛出南海公司股票，撤回资金。随着投机热潮的冷却，南海公司股价一落千丈，到1720年12月份最终仅为124英镑。当年底，政府对南海公司资产进行清理，发现其实际资本已所剩无几。

“南海公司”倒闭的消息传来，震惊了债权人和投资者。迫于舆论的压力，1721年9月英国议会组织了一个由13人参加的特别委员会对“南海泡沫”事件进行秘密查证。

在调查过程中，特别委员会发现该公司的会计记录严重失实，明显存在蓄意篡改数据的舞弊行为，于是特邀了一名叫查尔斯•斯内尔的资深会计师，对南海公司的分公司“索布里奇商社”的会计账目进行检查。查尔斯•斯内尔通过对南海公司账目的查询和审核，于1721年提交了一份对索布里奇商社会计账簿的检查意见。在该份报告中，查尔斯指出了公司存在舞弊行为和会计记录严重不实等问题，但没有对公司为何编制这种虚假的会计记录表明自己的看法。

议会根据这份查账报告，将南海公司董事之一的雅各希•布伦特，以及他的合伙人的不动产全部予以没收。其中一位叫乔治•卡斯韦尔的爵士，被关进了著名的伦敦塔监狱。直到1828年，英国政府在充分认识到股份有限公司利弊的基础上，通过设立民间审计的方式，将股份公司中因所有权与经营权分离所产生的不足予以制约进行完善。同年，撤销了《泡沫公司取缔法》，重新恢复了股份公司这一现代企业制度的形式。

英国南海公司的舞弊案例，对世界民间审计史具有里程碑式的影响。尽管在 1720 年之前，就有人认为已有了民间审计这一行业，但世界上绝大多数的审计理论工作者都认为，查尔斯·斯内尔是世界上第一位民间审计人员，他所撰写的查账报告，是世界上第一份民间审计报告。而英国南海公司的舞弊案例，也被列为世界上第一起比较正式的民间审计案例。 由此可见，该案例对注册会计师行业来说，具有举足轻重的影响。

英国南海公司审计案的发生进一步说明，建立在所有权与经营权相分离基础上的股份有限公司，必须要有一个了解和熟悉会计语言的第三者，站在公正和客观的立场上，对表达所有者与经营者利益的财务报表，进行独立的检查，通过提高会计信息的可靠性，来协调和平衡所有者与经营者之间的经济责任关系。

尽管经过 200 多年的发展，注册会计师的主要审计目标已由查找舞弊转向对账务报表公允性的评估，然而这并不等于注册会计师没有义务揭露客户的舞弊行为。从美国最近的社会调查来看，仍有约 70% 的人认为，注册会计师应该而且可以查找客户的舞弊。可见，从南海公司案例来看，注册会计师行业是因客户舞弊问题而产生的，但这一责任始终没有终结。我国注册会计师绝不要认为，只要审核财务报表是否公允就可以了。当发现客户的舞弊现象时，应遵照中国注册会计师独立审计具体准则第 8 号——错误与舞弊的要求，保持职业关注，执行必要的审计程序，并做适当披露。

2 审计准则、审计依据与注册会计师职业道德规范

遵守审计的法律和道德规范

CFO 导语

在审计过程中应遵循的标准有：

1. 审计准则是对什么进行规定的？
2. 审计依据和审计准则有什么不同？
3. 注册会计师在执业过程中有哪些道德规范？

本项目架构

- 审计准则和审计依据
  - 注册会计师职业道德规范

2.1 审计准则和审计依据
——进行审计工作时必须遵循的行为规范是什么？

2-1

cfo 要求你懂得

制约审计人员行为的规范是什么——审计准则
做出审计结论的客观标准是什么——审计依据

关键术语

审计准则（auditing standard）
审计依据（audit basis）

2.1.1 审计准则

1. 审计准则的含义

审计准则是注册会计师进行审计工作时必须遵循的行为规范，是审计人员执行审计业务时，获取审计证据，形成审计结论，出具审计报告的专业标准。审计准则是专业审计人员在实施审计工作时，必须恪守的最高行为准则。

根据审计准则的概念可知，审计准则不仅制约审计人员的行为，对审计人员的素质也提出要求，而且能保证审计工作质量。审计准则通过审计人员执行审计程序体现出来，是审计人员签署最终审计意见时的客观保证。

2. 审计准则的特征

从审计准则基本含义出发，在明确审计准则与有关概念关系的基础上，审计准则的特征可以概括为权威性、规范性、可操作性和相对稳定性。

（1）审计准则的权威性。审计准则的权威性主要是指审计准则对审计人员行为具有普遍的约束力。审计人员必须按照审计准则的规定和要求进行审计工作，如有违反就有可能承担相应的民事责任甚至刑事责任。审计准则的权威性，一是来源于审计准则的科学性；二是来源于权威机构或政府机构对它的审定、完善、颁布和监督实施。

（2）审计准则的规范性。审计准则的规范性首先表现为审计准则本身就属于审计规范的范畴，它是审计规范体系中的具体规范；其次是审计准则本身必须具有统一性、条理性及准则性，否则就不可能作为审计工作的指南。统一性要求审计准则内容应前后一致，相互协调；条理性要求审计准则结构严谨、条理清晰和层次分明；准则性要求审计准则用词恰当、表达确切、易于理解和方便运用。

（3）审计准则的可操作性。审计准则的可操作性主要表现在审计准则可以直接用来指导审计实践。在审计理论和审计实践之间，审计准则起了沟通的桥梁作用。要想使审计准则具有可操作性，首先要使审计准则具有鲜明的层次性，如一般实施准则和报告准则，并要明确每个层次的准则所要服务的目标，也即是每个层次的准则要与具体的审计工作相联系；其次是审计准则的内容务必明确和可行，便于审计人员理解与遵照执行。

（4）审计准则的相对稳定性。审计准则的相对稳定性是指审计准则一旦确定和发布，就不能轻易改动，要保持一个相对的稳定时期。它不仅指制定审计准则是一项涉及面广而又复杂的工作，同时，审计准则的基本结构、主要内容及其要求，频繁的变动不利于审计人员接受和贯彻执行，也不利于社会公众的理解。但是，审计准则只具有相对的稳定性。因为社会经济关系的变化、科学技术的发展和审计环境的改变，都会引起审计事项与审计方法的变化和发展，都会对审计工作提出更高的要求，作为审计工作规范的准则也势必要做相应的调整。

3. 审计准则的结构内容

从现行的世界各国的审计准则来看，审计准则的内容大体上包括一般准则、工作准则和报告准则三部分。

一般准则是指对审计人员任职资格和执业行为所做出的规则，主要用于对能力、独立性和职业道德方面的约束。

工作准则，也称为审计的实施准则或审计的外勤准则，是指审计人员在实施审计行为时应遵守的规则，主要用于制订审计计划，内部控制制度的评审，收集审计证据，编制审计工作底稿。

报告准则是指对审计人员编制审计报告的原则、形式和内容所做出的规则，主要用于编写审计报告，运用审计报告的形式，规定审计报告的内容。

理解

“审计工作必须妥善地进行计划安排，如有助理人员，必须加以监督和指导”这一规定，属于工作准则的内容。对于“审计报告应说明本期财务报表是否按照一般公认的会计准则编制”这一规定，属于报告准则的内容。“在执行审计工作和撰拟审计报告时，应保持职业人员应有的严谨态度”这一规定，属于一般准则的内容。

2.1.2 审计依据

1. 审计依据的含义

审计依据是指查明审计客体的行为规范，是据以做出审计结论、提出处理意见和建议的客观标准。

审计依据包含审计准则，审计准则是审计依据的重要组成部分。

2. 审计依据的特点

审计依据不是固定不变的，它随着国家管理的规范和单位管理的加强，不断调整和完善。但是无论在什么阶段，审计依据都会体现出权威性、层次性、相关性、地域性和时效性等特点。

（1）权威性：任何审计依据都具有一定的权威性或公认性，否则不足以引用为依据。

> **理·解**
>
> 国家的法律、法规是衡量经济活动是否合法、合规的依据，全国都公认它，依据它提出审计意见，这就体现了审计依据的权威性特点。

（2）层次性：审计依据一般是由审计主体以外的国家机关、管理部门、业务部门、技术部门和企业单位制定的。审计依据因管辖范围和权威性大小不同而有不同的层次。一般来说，制定的单位级别越高，其管辖的范围越广，权威性越大。

（3）相关性：所选用的审计依据要与被审计事项相关，能够判定被审计事项是否真实、合法与有效；所选用的审计依据，能为审计人员提出的审计意见和做出的审计决定提供充足理由。

（4）地域性：不同地区、不同行业和不同部门的一些地方性法规、行业标准和部门规章不尽相同。因此，其适用的审计依据也各不相同。审计人员在进行审计判断时，必须注意到地区差别、行业差别和单位差别。

（5）时效性：审计依据都有一定的时效性，它随着经济和社会的发展不断地变更和修订。因此，审计人员在审计工作中，应选用在被审计事项发生时的审计依据，而不能以审计时现行的法律、法规和规章制度作为判断依据。

> **理·解**
>
> 2018 年 4 月某会计师事务所审计华信食品股份有限公司 2017 年的财务报表，就需要选用 2017 年的相关法律、法规作为审计依据，而不能以 2016 年的相关法律、法规作为审计依据，因为 2016 年的相关法律、法规可能有些条款已经废止，不再适用于 2017 年，这就体现了审计依据的时效性特点。

3. 审计依据的分类

审计依据可按不同的标准进行分类，通常来说，审计依据可根据来源渠道和性质内容进行分类。

（1）按审计依据来源渠道分类。按审计依据来源渠道进行分类，可分为外部制定的审计依据和内部制定的审计依据。

外部制定的审计依据是指：国家制定的法律、法规、条例、政策和制度；地方政府、上级主管部门颁发的规章制度和下达的通知、指示文件。内部制定的审计依据是指被审单位制定的经营方针、任务目标、计划预算、各种定额、经济合同、各项指标和各项规章制度。

（2）按审计依据的性质内容分类。按审计依据的性质内容分类，可分为法律、法规、规章制度、预算、计划、合同和技术标准。

法律是国家立法机关依照立法程序制定和颁布的，由国家强制保证执行的行为规范总称，如宪法、会计法、审计法、各种税法、企业法、公司法。法规是由国家行政机关制定的各种法令、条例和规定，如《价格管理条例》《企业会计准则》。

规章制度主要有：国务院各部委、省、自治区、直辖市根据法律和国务院的行政法规制定的规章制度，如《房地产市场管理细则》《会计人员职权条例》；被审计单位上级主管部门和被审计单位内部制定的各种规章制度等，如单位内部制定的各项内部控制制度。

预算、计划、合同主要指单位编制的经费预算，制订的各种经济计划，以及与其他单位签订的各种经济合同。

技术经济标准指重复性的技术事项在一定范围内的统一规定，如人员配备定额、工作质量标准、原材料消耗定额、工时定额、能源消耗定额和设备利用定额。

4. 运用审计依据的原则

不同的被审计事项需要不同的衡量和评价依据，审计人员在选用审计依据时，除应注意审计依据的特点外，还应遵循一定的原则。

（1）从实际出发原则。审计人员应从实际出发，具体问题具体分析，根据需要选定适用的依据；选用时根据审计依据特点，尽可能选用权威性大的、令人信服的依据；选用本地区、本行业和本单位适用的依据；选用适用于被审计事项发生时有效的依据。

（2）辩证分析问题原则。因为影响经济活动的因素具有多面性和可变性，因此要辩证地看问题，抓住主要矛盾和矛盾的主要方面，把握问题的实质，选用适当的审计依据，并据以提出审计意见和建议，做出审计结论。

（3）准确可靠原则。审计人员所运用的依据必须准确可靠，主要体现在引用的数据，列举的定额、标准，引用的法律、法规和规章制度，必须亲自核对，有真实凭据，必要时将复印件列示于审计工作底稿中。

（4）利益兼顾原则。在运用审计依据时，要贯彻利益兼顾的原则，全面地分析问题。利益兼顾原则主要包括：国家、企业和个人利益兼顾；眼前利益与长远利益兼顾；企业经济效益与社会效益兼顾。

理·解

审计人员对华信食品股份有限公司进行审计时，需要先熟悉北京市的相关政策、行业法规以及华信食品股份有限公司内部的规章制度，在审计过程中，针对重大错报展开针对性的分析调查，对比相关会计政策和准则，获取审计证据时，需要亲自核对相关数据，掌握重要资料的书面文件，并进行复印放入审计工作底稿中。

2.2 注册会计师职业道德规范

——对注册会计师在执业过程中应遵守的职业道德有什么？

2-2

cfo 要求你懂得

注册会计师在执业过程中必须遵守的前提——注册会计师职业道德的基本原则

注册会计师在执业过程中必须承担的责任——注册会计师的法律责任

关键术语

诚信（integrity）

客观公正（objective and fair）

独立性（independence）

专业胜任能力（professional competence）

应有的关注（due diligence）

保密（confidentiality）

违约（break a contract）

过失（fault）

欺诈（cheat）

2.2.1 注册会计师职业道德的基本原则

注册会计师职业道德，是指注册会计师的职业品德、执行纪律、业务能力、工作规则及所负的责任等思想方式和行为方式。注册会计师职业道德规范，即指对注册会计师职业道德所做的基本规定和要求。注册会计师的职业道德规范包含的内容丰富，其中注册会计师职业道德的基本原则是必须遵守的前提。

注册会计师职业道德的基本原则，是指注册会计师为实现执业目标，必须遵守的前提和一般原则，主要包括诚信、独立性、客观和公正、专业胜任能力和应有的关注、保密、良好的职业行为。

1. 诚信

诚信原则要求审计人员应当在所有的职业关系和商业关系中保持正直和诚实，秉公处事、实事求是。

理解

会计师事务所在分配审计任务时，充分考虑审计小组每位成员的专业胜任能力；在审计过程中实事求是，不会省略必要的审计程序，更不与被审计单位合谋形成严重不实的审计报告，这都属于遵循诚信原则的行为。

2. 独立性

独立原则是指在执行鉴证业务时，审计人员必须保持独立性。独立性包括实质上的独立和形式上的独立。

（1）实质上的独立要求审计人员与委托人及被审计单位之间不存在利害关系。

理解

某会计师事务所的注册会计师王某拥有华信食品股份有限公司 7% 的股权，如果会计师事务所接受委托对华信食品股份有限公司进行审计，则王某不能参与该项审计，必须回避。因为这种情况下，审计人员和被审计单位之间存在直接经济利益关系，属于实质上的不独立。

（2）形式上的独立要求审计人员与委托人及被审计单位之间在他人面前保持独立的身份。

理解

某会计师事务所的注册会计师张某的妹妹担任华信食品股份有限公司的总经理，如果某会计师事务所接受委托对华信食品股份有限公司进行审计，则张某不能参与审计，必须回避。因为此情况下，审计人员和被审计单位的重要管理人员之间关系密切，这属于审计人员和被审计单位之间在形式上不独立。

3. 客观和公正

客观和公正原则要求审计人员应当公正处事、实事求是，不得由于偏见和利益冲突或他人的不当影响而损害自己的职业判断。

理·解

某会计师事务所的注册会计师李某在审计过程中，接受了被审计单位额外赠送的一台笔记本电脑，李某最终出具了不实的审计报告，这就违反了客观和公正原则。

4. 专业胜任能力和应有的关注

专业胜任能力要求审计人员将专业知识和技能始终保持在应有的水平之上，以适应当前实务、法律和技术的发展，确保为客户提供具有专业水准的服务。

应有的关注，要求审计人员勤勉尽责，按照执业准则和职业道德规范的要求，认真、全面和及时地完成工作任务。在审计过程中，审计人员应当保持职业怀疑态度，运用专业知识、技能和经验，获取和评价审计证据。职业怀疑态度，是指审计人员应以质疑的思维方式评价证据的有效性。

理·解

某会计师事务所在对华信食品股份有限公司进行年度审计时，发现在当年其他竞争者的销售都处于下降状态的情况下，其销售增长却超过行业水平，并且华信食品股份有限公司的生产力水平并无显著提高。因此，审计人员提高了其对舞弊或错报交易的怀疑。这就体现了审计人员保持应有的关注原则。

5. 保密

审计人员与客户进行沟通，必须为客户的信息保密。在没有取得客户同意的情况下，不能泄露任何客户的涉密信息。

保密原则要求审计人员不得有下列行为：

（1）未经客户授权或法律、法规允许，向会计师事务所以外的第三方披露其所获知的涉密信息。

（2）利用所获知的涉密信息为自己或第三方谋取利益。

理·解

审计人员应当警惕无意泄密的可能性，特别是警惕无意中向亲属或关系密切的人员泄密的可能性。

6. 良好的职业行为

审计人员应当遵守相关法律、法规，避免发生任何损害职业声誉的行为。

审计人员在向公众传递信息、以及推介自己和工作时，应当客观、真实和得体，不得损害职业形象。

审计人员应当诚实、实事求是，不得有下列行为：

（1）夸大宣传提供的服务和拥有的资质或获得的经验。

（2）贬低或无根据地比较其他审计人员的工作。

2.2.2 注册会计师的法律责任

1. 对注册会计师法律责任的认定

如果注册会计师行为不当给被审计单位或第三方造成损失，注册会计师将承担法律责任，这些不当行为包括：违约、过失和欺诈。

（1）违约责任。所谓违约责任，是指注册会计师因违反业务合同约定造成了损失而承担的法律责任。

理解

某会计师事务所在对华信食品股份有限公司进行2017年年度审计时，审计约定书约定该会计师事务所应于2018年3月1日前出具审计报告，但本次审计小组责任人注册会计师张某未能在2018年3月1日前出具审计报告，在这种情况下，张某应承担违约责任。

（2）过失责任。所谓过失责任，是指在一定条件下，注册会计师没有保持应有的职业谨慎而给他人造成损失而承担的法律责任。评价注册会计师的过失，是以其他合格注册会计师在相同条件下可做到的谨慎为标准的。过失按程度不同分为普通过失和重大过失。

① 普通过失，也称一般过失，是指注册会计师没有保持应有的职业谨慎，没有完全遵循专业准则的要求。

理解

某会计师事务所对华信食品股份有限公司进行2017年年度审计，注册会计师孙某在执行存货监盘的审计程序中，由于疏忽，导致存货数量方面的问题未能查出，而此问题在保持应有的合理谨慎的情况下，其他合格的注册会计师是可以查出的。因此，孙某应承担一般过失责任。

② 重大过失是指注册会计师根本没有遵循专业准则或没有按专业准则的基本要求执行审计。

理·解

某会计师事务所对华信食品股份有限公司进行2017年年度审计，在执行存货监盘的审计程序中，注册会计师孙某并未遵循审计准则，在明知被审计单位应纳入监盘范围的重要存货未纳入监盘范围的情况下，为加快审计进度也未进行追究及监盘，此行为可视为重大过失。孙某应承担重大过失责任。

③ 欺诈（也称为舞弊）责任，是指注册会计师为了达到欺骗他人的目的，明知被审计单位的财务报表有重大错报，却加以虚假的陈述，出具无保留意见的审计报告，给他人造成损失同时承担相应的法律责任。

理·解

某会计师事务所在对华信食品加工厂进行2017年年度审计时，审计小组责任人注册会计师刘某明知华信食品加工厂的财务报表存在重大错报，但为了某些经济业务，故意出具无保留意见审计报告，从而欺骗报表使用者，这种行为就属于欺诈行为。刘某应承担欺诈责任。

2. 注册会计师应承担的法律责任

注册会计师法律责任是指注册会计师在承办业务的过程中，因未能履行合同条款，或者未能保持应有的职业谨慎，或者出于故意未按专业标准出具合格报告，而致使审计报告使用者遭受损失，依照有关法律、法规，注册会计师或注册会计师事务所应承担的法律责任。

按照应该承担责任的内容不同，注册会计师的法律责任可分为行政责任、民事责任和刑事责任三种，三种责任可以同时追究，也可以单独追究，如表2-1所示。

（1）行政责任是指注册会计师违反了法律、法规的有关规定，政府主管部门将依法对其进行行政处罚，包括对会计师事务所给予警告、没收违法所得、罚款、暂停执业、撤销审计结果，以及对注册会计师给予警告、暂停执业、吊销注册会计师证书和宣布为市场禁入者。

（2）民事责任是指会计师事务所给他人造成经济损失的，应予以赔偿。

（3）刑事责任是指注册会计师由于违反国家的法律、法规，情节严重，构成刑事犯罪行为而承担的法律后果。

表2-1　注册会计师应承担的法律责任

承担责任的主体	行政责任（适用于违约、过失、欺诈）	民事责任（适用于违约、过失、欺诈）	刑事责任（适用于欺诈）
注册会计师	警告、暂停执业、吊销注册会计师证书	赔偿损失、支付违约金	五年以下有期徒刑或拘役
会计师事务所	警告、没收违法所得、罚款、暂停执业、撤销审计结果	赔偿损失、支付违约金	—

3. 注册会计师法律责任的预防

与注册会计师法律责任相适应，注册会计师必须在执业中遵循执业准则和有关要求，尽量减轻自己的责任，尽量避免或减少法律诉讼。具体措施主要有：

（1）遵循执业准则和职业道德要求。只要注册会计师严格遵守执业准则和职业道德的要求，一般不会发生过失，至少不会发生重大过失。

（2）谨慎选择委托单位。会计师事务所在接受委托之前，应当采取必要的措施获得对委托单位的基本了解，评价其品格。一旦发现委托单位缺乏正直的品格，应尽量拒绝接受委托。因为委托单位如果没有正直的品格，出现法律纠纷的可能性就比较大。

（3）招收合格的助理人员。对于大多数审计项目来说，相当多的工作是由经验不足的助理人员完成的，出现失误要由注册会计师承担风险。因此，必须招收合格的助理人员，对他们进行适当和有效的培训，注册会计师应在工作过程中对他们进行监督和指导。

（4）严格签订审计业务约定书。审计业务约定书是确定会计师事务所和委托单位责任的重要文件，只有明确业务的性质和范围以及双方的“责、权、利”，才能在发生法律诉讼时减少无休止的争执。

（5）深入了解委托单位的业务。注册会计师必须熟悉委托单位的经济业务和生产经营业务，对于陷入财务困境的委托单位要特别注意。因为在审计过程中，注册会计师未能发现重大错报的一个重要原因，就是他们不了解委托单位所在行业的情况及委托单位的业务。

（6）聘请合适的律师。在审计过程中，注册会计师应聘请熟悉注册会计师法律责任的律师，详细讨论所有潜在的风险情况并仔细考虑律师的建议。一旦发生法律诉讼，要聘请有经验的律师参与诉讼。

另外，投保充分的责任保险是会计师事务所的一项极为重要的预防措施。这项措施能防止或减少诉讼失败时会计师事务所的经济损失。

阅读：

注册会计师孙某负责对太阳公司2017年度财务报表进行审计，在了解太阳公司的过程中，通过与该公司治理层、管理层及前任注册会计师的沟通，察觉到可能存在导致该公司年度财务报表失实的重大错误与舞弊。孙某对查明太阳公司可能存在的重大错误与舞弊应承担相应的责任，此责任主要包括：

1. 评估相关风险，此风险是指太阳公司可能发生的错误与舞弊导致财务报表严重失实的风险。

2. 在规划审计工作时提供合理保证，该合理保证是指能查明财务报表中可能存在重大错误与舞弊的合理保证。

3. 在编制和实施审计计划时，应取得合理保证，该合理保证是指在保持应有的职业怀疑态度的前提下取得的，能够查明导致财务报表严重失实的重大错误与舞弊的合理保证。

同时，孙某对太阳公司存在的重大错误与舞弊也应承担相应的报告责任，此责任主要包括：

1. 孙某在审计过程中发现的重大错误及所有舞弊，应以适当方式向太阳公司管理层告知，并详细记录于工作底稿。

2. 对于涉嫌管理层重大错误或舞弊的人员，孙某应当向太阳公司治理层报告。

3. 当怀疑太阳公司治理层涉及舞弊时，孙某应当考虑采取适当的措施。必要时，应当征求律师意见或解除业务约定。

3 审计目标、审计对象与审计程序

开展审计工作应该有条不紊

CFO 导语

开展审计工作时，应该知道：

1. 此项审计工作的审计目标是什么？
2. 此项审计工作的审计对象是哪些？
3. 审计程序包括几步走？

本项目架构

- 审计目标与审计对象
- 审计程序

3.1 审计目标与审计对象

——对什么进行审计？审计要实现什么目标？

3-1

cfo 要求你懂得

被审计单位提供的财务报表的含义——管理层认定
审计要实现什么结果——审计目标
要对什么进行审计——审计对象

关键术语

管理层认定（management assertion）
审计目标（audit objective）
审计对象（audit object）

3.1.1 管理层认定

1. 管理层认定的含义

通常情况下，审计人员应以财务报表审计的目标为指导，以管理层的认定为基础，根据被审计单位的具体情况确定各类交易、账户余额和列报的审计程序。

管理层认定，是指被审计单位管理层对财务报表各组成要素的确认、计量和列报做出的明确或隐含的表达。当管理层声明财务报表已按照适用的财务报告编制基础进行编制，在所有重大方面做出公允反映时，就意味着管理层对财务报表各组成要素的确认、计量和列报，以及相关的披露做出了认定。

理·解

华信食品股份有限公司管理层提交的公司财务报表中列报应付账款共有5 800 000元。对这一列报，管理层认定表现在这几个方面：在资产负债表日，该公司存在5 800 000元的应付账款，这些应付账款是华信食品股份有限公司应承担的现时义务，即这些应付账款的债务人是华信食品股份有限公司，这些应付账款的金额是5 800 000元，公司所有的应付账款就是这些，没有错记、漏记和重复记录。

审计人员将管理层认定用于考虑可能发生的不同类型的潜在错报。因此，管理层认定有着重要的意义，主要表现为：

（1）认定反映了财务报表中数据完整的经济含义。

（2）认定反映了管理层所承担全面的财务报告责任。

（3）认定是确定具体审计程序的基础。

（4）认定决定了错报的性质和类型，财务报表错报都是因为违反了管理层的一项或多项认定而造成的。

2. 管理层认定的内容

管理层对财务报表各组成要素均做出了认定，认定层次的构成分为三个类别：与各类交易和事项相关的认定、与期末账户余额相关的认定、与列报和披露相关的认定。

（1）与各类交易和事项相关的认定。注册会计师对各类交易和事项运用的认定包括：

① 发生：记录的交易或事项已发生，且与被审计单位有关。

② 完整性：所有应当记录的交易和事项均已记录。

③ 准确性：与交易和事项有关的金额及其他数据已恰当记录。

④ 截止：交易和事项已记录于正确的会计期间。

⑤ 分类：交易和事项已记录于恰当的账户。

理·解

华信食品股份有限公司2017年利润表中列示营业收入为80 000 000元，则可认为华信食品股份有限公司对其营业收入有如下认定：

华信食品股份有限公司记录的2017年的营业收入的相关交易是真实发生的，没有虚构和多记营业收入。

华信食品股份有限公司2017年的营业收入已经全部记录，没有漏记。

华信食品股份有限公司2017年的营业收入金额是真实准确的，没有误报。

华信食品股份有限公司2017年的营业收入全部发生于2017年度，没有记录2016年发生的和2018年将要发生的。

> 华信食品股份有限公司2017年的营业收入相关的交易都已经记录在恰当的账户上，没有将其他账户的金额记到营业收入里，也没有将营业收入的金额记到其他账户上。

（2）与期末账户余额相关的认定。注册会计师对期末账户余额运用的认定包括：

① 存在：记录的资产、负债和所有者权益是存在的。

② 权利和义务：记录的资产由被审计单位拥有或控制，记录的负债是被审计单位应当履行的偿还义务。

③ 完整性：所有应当记录的资产、负债和所有者权益均已记录。

④ 计价和分摊：资产、负债和所有者权益以恰当的金额包括在财务报表中，与之相关的计价或分摊调整已恰当记录。

> **理解**
>
> 华信食品股份有限公司2017年资产负债表中列示存货为10 000 000元，则可认为华信食品股份有限公司对其存货有如下认定：
>
> 华信食品股份有限公司2017年资产负债表中的存货是真实存在的，没有虚构和多记存货。
>
> 华信食品股份有限公司2017年资产负债表中的存货都是由华信食品股份有限公司拥有或控制的，没有已售出，或由于其他原因已不属于华信食品股份有限公司，以及原不属于华信食品股份有限公司的存货。
>
> 华信食品股份有限公司2017年所拥有或控制的存货全部记录在资产负债表中，没有漏记。
>
> 华信食品股份有限公司2017年资产负债表中的10 000 000元的存货金额是准确的，相关的存货减值准备已经正确计算并恰当记录于相关账户中。

（3）与列报和披露相关的认定。注册会计师对列报和披露运用的认定包括：

① 发生及权利和义务：披露的交易、事项和其他情况已发生，且与被审计单位有关。

② 完整性：所有应当包括在财务报表中的披露均已包括。

③ 分类和可理解性：财务信息已被恰当地列报和描述，且披露内容表述清楚。

④ 准确性和计价：财务信息和其他信息已公允披露，且金额恰当。

> **理解**
>
> 华信食品股份有限公司2017年财务报表附注中，对固定资产做了如下说明：固定资产的原值和折旧金额；本期增加和减少的

固定资产的金额；确定固定资产折旧的计提方法，预计净残值的确定依据；本期固定资产减值准备计提的原因；用于担保的固定资产的账面价值；固定资产的具体构成情况；这表明华信食品股份有限公司对其固定资产进行了如下认定：

固定资产相关的交易、事项和其他情况已经发生，且与华信食品加工厂有关。

固定资产相关的财务信息和其他信息已经公允披露，且金额的确认是正确无误的。

资产负债表中的固定资产项目，在附注中已经全部做了说明。

固定资产相关的全部信息已经进行了恰当的披露，且表述清楚。

根据审计准则中关于交易与事项、账户余额和列报的具体内容，管理层认定内容财务报表中的对应关系如表 3-1 所示。

表 3-1 管理层认定内容与财务报表的对应关系

管理层认定	财务报表
交易与事项（发生、完整、准确、截止、分类）	利润表
账户余额 （存在、权利和义务、完整性、计价与分摊）	资产负债表
列报（发生及权利和义务、完整性、分类和可理解性、准确性和计价）	报表附注

3.1.2 审计目标

1. 管理层认定与审计目标的关系

管理层认定与审计目标有着非常密切的关系，主要表现在：

（1）注册会计师的基本职责就是确定被审计单位管理层对其财务报表的认定是否恰当。

（2）注册会计师了解了认定就很容易确定每个项目的具体审计目标。

审计目标是指在一定环境中，审计主体通过审计活动所期望达到的最终结果，是审计职能的最终实现。审计目标分为审计总体目标和审计具体目标两个层次。

2. 审计总体目标

注册会计师最终责任是按照审计准则的要求对财务报表发表审计意见，这是注册会计师的审计责任，也是注册会计师要达到的审计目标。审计总体目标是注册会计师通过执行审计工作，对财务报表整体是否存在由舞弊或错误导致的重大错报获取合理保证，使得注册会计师能够对财务报表是否在所有重大方面按照适用的财务报告编制和基础编制发表审计意见，并且按照审计准则的要求，根据审计结果对财务报表出具审计报告，并与管理层和治理层沟通。

理解

合理保证是指注册会计师在财务报表审计中提供的一种高度但非绝对的保证，它是一种高水平的保证。但是，因为审计存在的固有限制，审计只能提供合理保证，不能提供绝对保证。

对于注册会计师审计来说，审计总体目标是注册会计师通过执行审计工作，对财务报表的合法性和公允性发表审计意见。

财务报表的合法性是指被审计单位的财务报表是否遵循适用的会计准则和相关会计制度的规定编制。财务报表的公允性是指被审计单位的财务报表是否在所有重大方面公允反映其财务状况、经营成果和现金流量。

3. 审计具体目标

审计具体目标与管理层认定密切相关，注册会计师的基本职责就是确定被审计单位管理层对其财务报表的认定是否恰当。

针对被审计单位对财务报表每个项目所表现出的各项认定，注册会计师相应地确定审计具体目标。然后，通过执行一系列审计程序获取充分、适当的审计证据以实现审计目标，并以此作为评估重大错报风险以及设计和实施进一步审计程序的基础。

（1）与各类交易和事项相关的审计目标

① 发生：已记录的交易和事项是否真实发生，且与被审计单位有关。

② 完整性：所有应当记录的交易和事项是否均已记录。

③ 准确性：与交易和事项有关的金额及其他数据是否已恰当记录。

④ 截止：交易和事项是否已记录于正确的会计期间。

⑤ 分类：交易和事项是否已记录于恰当的账户。

理解

某会计师事务所对华信食品股份有限公司 2017 年财务报表进行审计过程中，注册会计师孙某对营业收入项目审计时制定的具体审计目标为：确定利润表中记录的营业收入是否已经发生，且与华信食品股份有限公司有关；确定所有应当记录的营业收入是否均已记录；确定与营业收入有关的金额及其他数据是否已恰当记录，包括对销售退回、销售折扣与折让的处理是否适当；确定营业收入是否已记录于正确的会计期间；确定营业收入是否已按照《企业会计准则》的规定在财务报表中做出恰当的列报。

（2）与期末账户余额相关的审计目标

① 存在：记录的资产、负债和所有者权益是否存在。

② 权利和义务：记录的资产是否由被审计单位拥有或控制，记录的负债是否为被审计单位应当履行的偿还义务。

③ 完整性：所有应当记录的资产、负债和所有者权益是否均已记录。

④ 计价和分摊：资产、负债和所有者权益是否以恰当的金额包括在财务报表中，与之相关的计价或分摊调整是否已恰当记录。

理·解

某会计师事务所对华信食品股份有限公司 2017 年财务报表进行审计过程中，注册会计师孙某对应收账款项目审计时制定的具体审计目标为：确定资产负债表中记录的应收账款是否存在；所有应当记录的应收账款是否均已记录；记录的应收账款是否由华信食品股份有限公司拥有或控制；应收账款是否以恰当的金额包括在财务报表中，与之相关的坏账准备是否已恰当记录；应收账款是否已按照《企业会计准则》的规定在财务报表中做出恰当列报和披露。

（3）与列报和披露相关的审计目标

① 发生以及权利和义务：披露的交易、事项和其他情况是否已发生，且与被审计单位有关。

② 完整性：所有应当包括在财务报表中的披露是否均已包括。

③ 分类和可理解性：财务信息是否已被恰当地列报和描述，且披露内容表述清楚。

④ 准确性和计价：财务信息和其他信息是否已公允披露，且金额恰当。

理·解

某会计师事务所对华信食品股份有限公司 2017 年财务报表进行审计过程中，注册会计师孙某制定与固定资产项目的列报和披露有关的具体目标为：资产负债表所列示的固定资产是否属于华信食品股份有限公司；华信食品股份有限公司所拥有或控制的固定资产项目是否全部披露；与固定资产相关的财务信息是否已经被恰当列报和描述，且披露内容表述清楚；固定资产的净值、折旧计提的方法选择和金额计算是否已公允披露，且金额恰当。

4. 影响具体审计目标的因素

具体的审计目标是针对被审计单位的具体情况而确定的。注册会计师在确定具体审计目标时，还应充分考虑以下基本因素：

（1）被审计单位的经营状况。

（2）被审计单位经济活动的性质。

（3）被审计单位所属行业的特殊会计实务。

3.1.3 审计对象

1. 审计对象的含义

审计对象是指审计监督的客体，即审计监督的内容和范围的概括。

描述审计的对象，必须明确与审计对象有关的四个基本问题：

（1）审计的主体。审计的主体是指审计机构和审计人员，即实施审计监督的执行者。

（2）审计的范围。审计的范围是指审计监督客体的外延，它是审计对象的组成部分，具体而言就是被审计单位。

（3）审计的主要内容。审计的主要内容构成审计对象的内涵，即财务收支及其经营管理活动。

（4）审计所依据的信息来源。审计所依据的信息是指形成审计证据的各种文字、数据以及电子计算机存储的信息。

2. 审计对象的内容

审计的对象可以概括为被审计单位的经济活动，具体包括：

（1）被审计单位的财务收支及其有关的经营管理活动。根据《中华人民共和国宪法》中规定，政府审计的对象为国务院各部门和地方各级政府及其各部门的财政收支、国有金融机构和企事业单位的财务收支。内部审计的对象为本部门、本单位的财务收支以及其他有关的经济活动。民间审计的对象为委托人指定的被审计单位的财务收支及其有关经营管理活动。

（2）被审计单位的各种作为提供财务收支及其有关经营管理活动信息载体的会计资料和其他资料。

作为被审计单位的经营管理活动信息的载体，除了会计资料和计划统计等资料外，还包括经营目标、预测及决策方案、经济活动分析资料、技术资料等其他资料，电子计算机存储的信息、存储在云上的信息等信息载体，这些都构成审计的具体对象。

提示

审计对象是指被审计单位具体的经济活动，而并非指被审计单位。

3.2 审计程序
——审计工作是如何开展的？

cfo 要求你懂得

接受审计业务的委托是哪个阶段——审计准备阶段
实施风险评估是哪个阶段——审计实施阶段
出具审计报告是哪个阶段——审计完成阶段

关键术语

审计程序（audit procedure）
风险评估（risk assessment）
控制测试（control test）
实质性程序（substantive procedure）
审计报告（audit report）

3.2.1 管理层认定、具体审计目标与审计程序的关系

1. 管理层认定与审计程序的关系

管理层认定与审计程序密切相关，审计的基本职责就是确定被审计单位管理层对其财务报表认定的合法性和公允性。审计人员了解了管理层认定，就很容易确定每个项目的审计程序。管理层认定内容与实质性测试程序的对应关系如表 3-2 所示。

表 3-2　管理层认定内容与实质性测试程序的对应关系

管理层认定	会计反映	实质性测试程序
交易与事项	确认（定性）	交易实质性测试程序
账户余额	计量（定量）	余额实质性测试程序
列报	列报（表达）	列报实质性测试程序

2. 具体审计目标与审计程序的关系

各项具体审计目标是在审计过程中通过制订计划、实施审计程序、搜集证据和发表意见来得以实现的。

3.2.2　审计程序

审计程序是指从签订审计业务约定书后开始实施审计工作到结束的整个过程。一般来说包括三个主要阶段：审计准备阶段、审计实施阶段和审计完成阶段。

1. 审计准备阶段

审计准备阶段的主要活动是接受业务委托和计划审计工作。

（1）接受业务委托。会计师事务所应当按照执业准则的规定，谨慎决策是否接受或保持某客户关系和具体审计业务。会计师事务所通过初步调查，在接受被审计单位的委托前，应当初步了解被审计单位的基本情况，包括被审计单位行业状况、法律环境与监管环境，以及其他外部因素；被审计单位的性质与会计政策的选择和运用；被审计单位的内部控制情况，以及业务约定事项和可能对审计业务产生重大影响的事项、交易、条件和惯例等其他事项。

提示

只有在了解后认为符合专业胜任能力、独立性和应有的关注等职业道德要求，并且拟承接的业务具备审计业务特征时，注册会计师才能决定是否接受审计委托。

（2）计划审计工作。计划审计工作十分重要，对于任何一项审计业务，注册会计师在执行具体审计程序之前，都必须根据具体情况制订科学、合理的计划，使审计业务以有效的方式得到执行。一般来说，计划审计工作主要包括在审计业务开始时开展初步业务活动，制定总体审计策略和制订具体审计计划。

提示

计划审计工作不是审计业务的一个孤立阶段，而是一个持续的和不断修正的过程，贯穿于整个审计业务的始终。

2. 审计实施阶段

审计实施阶段的主要活动包括两项内容，分别是对被审计单位实施风险评估和实施进一步的审计程序。

（1）实施风险评估。审计准则规定，注册会计师必须实施风险评估。进行风险评估的目的有两方面：一方面是发现重大错误或舞弊，所以要了解被审计单位的环境和业务流程等因素，分析被审计单位可能发生的错误或舞弊领域；另一方面是提高审计效率，对高风险审计领域实施相应充分的审计程序，对低风险审计领域可以更加依赖审计抽样。一般来说，实施风险评估程序的主要工作包括了解被审计单位及其环境，识别和评估财务报表层次以及各类交易、账户余额和披露认定层次的重大错报风险。

（2）实施进一步的审计程序。注册会计师实施风险评估程序本身不仅为发表审计意见提供充分、适当的审计证据，还应当实施进一步审计程序，包括实施控制测试（必要时或决定测试时）和实质性程序。

① 实施控制测试。控制测试的主要目的在于提高审计效率，即对各业务过程的关键控制环节进行测试，以确定被审计单位的内部控制系统能够防止出现错误或舞弊，从而保证财务报表的合法性和公允性的可靠程度。

理解

控制测试并不是每次财务报表审计业务中必须执行的审计程序。如果注册会计师认为被审计单位某类账户、交易或列报的某一认定的相关内部控制不存在或者虽然存在但设计不合理，未得到执行，就不需执行控制测试；如果注册会计师在风险评估阶段确认某一认定的相关内部控制设计合理并得到执行，就可以考虑执行控制测试，验证该项控制的有效性。

② 实施实质性程序。实质性程序是对具体的交易、余额和列报采取有效的方法获取充分、适当的证据过程，无论被审计单位的内部控制系统多么有效，都必须实施实质性程序才能作为对财务报表发表意见的基础。

提示

进一步审计程序是验证财务报表数据是否存在重大错报的关键步骤。注册会计师设计和实施的进一步审计程序的性质、时间和范围，应当与评估的认定层次重大错报风险具备明确的对应关系。

3. 审计完成阶段

审计完成阶段是审计过程的最后一个阶段，主要活动包括完成审计工作和出具审计报告。

（1）完成审计工作。在实施阶段所有的审计活动结束之后，要进行汇总和分析，主要包括整理、评价和执行审计业务中收集到的审计证据；复核审计工作底稿；审计期后事项；汇总审计差异，并提请被审计单位调整或做出适当披露；形成审计意见，编制审计报告。在这一过程中，为了实现审计目标，注册会计师必须正确运用职业判断，综合所收集到的各种证据，并根据审计准则，形成适当的审计意见，为最终出具审计报告做好准备。

（2）出具审计报告。审计报告是审计人员完成审计任务，向被审计单位说明审计情况并形成审计结论与意见的书面文件，这是审计工作的最终成果，具有法定证明效力。审计报告的初稿完成后，应进行重点复核和全面复核，如果复核中发现存在遗漏问题，应返回到审计实施阶段补充审计，如果复核中发现问题处理不当，应返回至编制审计差异表这一步骤，对不正确的处理意见做出适当的修订。经复核确认后，注册会计师应将审计报告草拟稿（或征求意见稿）送至被审计单位管理当局经确认后，再正式签发并出具审计报告。

理解

会计师事务所的主任会计师在签发审计报告前主要复核的内容包括：所采用审计程序的恰当性；所编制审计工作底稿的充分性；审计过程中是否存在重大遗漏；审计工作是否符合会计师事务所的质量要求。

阅读：

安然公司，曾是一家位于美国的得克萨斯州休斯敦市的能源类公司。在2001年宣告破产之前，安然拥有约21 000名雇员，是世界上最大的电力、天然气以及电讯公司之一，2000年披露的营业额达1 010亿美元之巨。公司连续六年被《财富》杂志评选为“美国最具创新精神公司”，然而真正使安然公司在全世界声名大噪的，却是这个拥有上千亿资产的公司在2001年几周内破产，持续多年精心策划甚至制度化、系统化的财务造假丑闻被曝光。

1. 起因

2001年年初，一家有着良好声誉的短期投资机构老板吉姆•切欧斯公开对安然的盈利模式表示了怀疑。他指出，虽然安然的业务看起来很辉煌，但实际上赚不到什么钱，也没有人能够说清安然是怎么赚钱的。据他分析，安然的盈利率在2000年为5%，到了2001年初就降到2%以下，对于投资者来说，投资回报率仅有7%左右。切欧斯还注意到有些文件涉及了安然背后的合伙公司，这些公司和安然有着说不清的幕后交易，作为安然的首席执行官斯基林一直在抛出手中的安然股票，而他不断宣称安然的股票会从当时的70美元左右升至126美元。而且按照美国法律规定，公司董事会成员如果没有离开董事会，就不能抛出手中持有的公司股票。

2. 破产过程

也许正是这一点引发了人们对安然的怀疑，并开始真正追究安然的盈利情况和现金流向。到了8月中旬，人们对于安然的疑问越来越多，并最终导致了股价下跌。8月9日，安然股价已经从年初的80美元左右跌到了42美元。10月16日，安然发表2001年第三季度财务报表，宣布公司亏损总计达到6.18亿美元，即每股亏损1.11美元。同时首次透露因首席财务官安德鲁•法斯托与合伙公司经营不当，公司股东资产缩水12亿美元。10月22日，美国证券交易委员会瞄上安然，要求公司自动提交某些交易的细节内容，并最终于10月31日开始对安然及其合伙公司进行正式调查。11月1日，安然抵押了公司部分资产，获得J.P.摩根和所罗门史密斯巴尼的10亿美元信贷额度担保，但美林和标普公司仍然再次调低了对安然的评级。11月8日，安然被迫承认做了假账，虚报数字让人瞠目结舌：自 1997 年以来，安然虚报盈利共计近 6 亿美元。11 月 9 日，迪诺基公司宣布准备用 80 亿美元收购安然，并承担 130 亿美元的债务。当天午盘安然股价下挫 0.16 美元。11 月 28 日，标准普尔将安然债务评级调低至“垃圾债券”级。11 月 30 日，安然股价跌至 0.26 美元，市值由峰值时的 800 亿美元跌至 2 亿美元。12 月 2 日，安然正式向破产法院申请破产保护，破产清单中所列资产高达 498 亿美元，成为美国历史上最大的破产企业。当天，安然还向法院提出诉讼，声称迪诺基中止对其合并不合规定，要求赔偿。

3. 事件发展

首先遭到质疑的是安然公司的管理层，包括董事会、监事会和公司高级管理人员。他们面临的指控包括疏于职守、虚报账目、误导投资人以及牟取私利。在 10 月 16 日安然公布第二季度财报以前，安然公司的财务报告是所有投资者都乐于见到的。看看安然过去的财务报告：2000 年第四季度，“公司天然气业务成长翻升 3 倍，公司能源服务公司零售业务翻升 5 倍”；2001 年第一季度，“季营收成长 4 倍，是连续 21 个盈余成长的财季”，在安然衡量业务成长的单位不是百分比，而是倍数，这让所有投资者都笑逐颜开。但到了 2001 年第二季度，公司突然亏损了，而且亏损额还高达 6.18 亿美元！然后，一直隐藏在安然背后的合伙公司开始露出水面。经过调查，这些合伙公司大多被安然高层官员所控制，安然对外的巨额贷款经常被列入这些公司，而不出现在安然的资产负债表上。这样，安然高达 130 亿美元的巨额债务就不会为投资人所知，而安然的一些高管也从这些合伙公司中牟取私利。更让投资者气愤的是，显然安然的高层对于公司运营中出现的问题非常了解，但长期以来熟视无睹甚至有意隐瞒。包括首席执行官斯基林在内的许多董事会成员一方面鼓吹股价还将继续上升，一方面却在秘密抛售公司股票。而公司的 14 名监事会成员有 7 名与安然关系特殊，要么正在与安然进行交易，要么供职于安然支持的非营利机构，对安然的种种劣迹睁一只眼闭一只眼。

4. 假账问题

安然假账问题也让其审计公司安达信面临着被诉讼的危险。位列世界第五的会计师事务所安达信作为安然公司财务报告的审计者，既没审计出安然虚报利润，也没发现其巨额债务。2001 年 6 月，安达信曾因审计工作中出现欺诈行为被美国证券交易委员会罚了 700 万美元。

安然的核心业务就是能源及其相关产品的买卖，但在安然这种买卖被称作“能源交易”。据介绍，该种生意是构建在信用的基础上，也就是能源供应者及消费者以安然为媒介建立合约，承诺在几个月或几年之后履行合约义务。在这种交易中，安然作为“中间人”可以在很短时间内提升业绩。由于这种生意以中间人的信用为基础，一旦安然出现任何丑闻，其信用必将大打折扣，生意马上就有中止的危险，此外，这种业务模式对于安然的现金流向也有着重大影响。大多数安然的业务是基于“未来市场”的合同，虽然签订的合同收入将计入公司财务报表，但在合同履行之前并不能给安然带来任何现金。合同签订得越多，账面数字和实际现金收入之间的差距就越大。

5. 破产事件影响

在安然破产事件中，损失最惨重的无疑是那些投资者，尤其是仍然掌握大量安然股票的普通投资者。按照美国法律，在申请破产保护之后，安然的资产将优先缴纳税款、赔还银行借款、发放员工薪资，本来就已经不值钱的公司再经这么一折腾，投资人肯定是血本无归。投资人为挽回损失只有提起诉讼。按照美国法律，股市投资人可以对安达信在财务审计时未尽职责提起诉讼，如果法庭判定指控成立，安达信将不得不为他们的损失做出赔偿。在此事件中受到影响的还有安然的交易对象和那些大的金融财团。据统计，在安然破产案中杜克集团损失了 1 亿美元，米伦特公司损失 8 000 万美元，迪诺基损失 7 500 万美元。在财团中，损失比较惨重的是 J.P. 摩根和花旗集团，仅J.P. 摩根对安然的无担保贷款就高达5亿美元，据称花旗集团的损失也差不多与此相当，此外，安然的债主还包括德意志银行、中国银行、中国招商银行和日本三家大银行。

4 审计重要性、审计风险与审计计划

审计的准备工作很重要

CFO 导语

在审计实际开展之前，应该知道：

1. 重要性水平是多少？
2. 评估的审计风险是多大？
3. 能接受的检查风险有多高？
4. 总体审计策略是什么？
5. 具体审计计划有哪些内容？

本项目架构

- 错报
  - 审计重要性
    - 审计风险
      - 审计计划

4.1 错报
——实际数据和报表数据差多少？

4-1

cfo 要求你知道

为什么审计后发现实际数据和报表数据不一致——错报的含义

实际数据和报表数据的差距影响重大吗——错报的评价

关键术语

错报（misstatement）

4.1.1 错报的含义和分类

1. 错报的含义

错报是指某一财务报表项目的金额、分类、列报或披露，与按照适用的财务报告编制基础应当列示的金额、分类、列报或披露之间存在的差异；或根据注册会计师的判断，为使财务报表在所有重大方面实现公允反映，需要对金额、分类、列报或披露做出的必要调整。

错报可能是由于错误或舞弊导致的，具体来说，可能由下列事项导致：

（1）收集或处理用以编制财务报表的数据时出现错误。

（2）遗漏某项金额或披露。

（3）由于疏忽或明显误解有关事实导致做出不正确的会计估计。

（4）注册会计师认为管理层对会计估计做出不合理的判断或对会计政策做出不恰当的选择和运用。

2. 错报的分类

根据错报产生的原因，可将错报分为事实错报、判断错报和推断错报，这种分类对注册会计师评价审计过程中累积的错报影响以及与管理层和治理层沟通错报事项是有帮助的。

（1）事实错报。事实错报是毋庸置疑的错报，是被审计单位对财务报表所反映事项做出的不正确陈述或列报。这类错报产生于被审计单位收集和处理数据的错误，对事实的忽略、误解或是故意舞弊行为。

理解

某会计师事务所的注册会计师孙某通过对华信食品股份有限公司存货的审计，发现华信食品股份有限公司购入存货的实际价值为 90 000 元，但其存货账面记录金额为 60 000 元，因此可知华信食品股份有限公司的存货被少记了 30 000 元。这里被少记的 30 000 元，就是事实错报。

（2）判断错报。判断错报是指由于审计人员认为被审计单位管理层对会计估计做出不合理的判断，或不恰当地选择和运用会计政策而导致的差异。

理解

某会计师事务所的注册会计师孙某通过对华信食品股份有限公司的长期股权投资审计，得知华信食品股份有限公司拥有大风公司 38% 的股权，华信食品股份有限公司采用成本法核算。孙某认为华信食品股份有限公司对大风公司的长期股权投资应该采用权益法核算。这种情况下，成本法和权益法对长期股权投资的账面价值确认的差异，以及成本法和权益法对长期股权投资的投资收益金额确认的差异，为判断错报。

（3）推断错报。推断错报是指注册会计师根据样本中识别的错报来推断总体的错报，推断错报是一个具体金额。通常情况下，审计人员并不对所有的事项都做测试，而是选取一定样本进行测试，然后根据对样本中识别出的错报来推断总体的错报。推断错报通常包括通过测试样本估计出的总体错报减去在测试中发现已经识别的具体错报，以及通过分析程序推断出的估计错报。

① 通过测试样本估计出的总体错报减去在测试中发现的已经识别的具体错报。

理解

应收账款年末余额为20 000 000元，注册会计师抽查10%样本发现金额有1 000 000元的高估，高估部分为账面金额的20%，据此注册会计师推断总体的错报金额为4 000 000元（即2 000万×20%），那么上述1 000 000元就是已识别的具体错报，其余3 000 000元即推断错报。

② 通过实质性分析程序推断出的会计错报。

理解

注册会计师根据客户的预算资料及行业趋势等要素，对客户年度销售费用独立做出估计并与客户账面金额比较，发现两者间有50%的差异；考虑到估计的精确性有限，注册会计师根据经验认为10%的差异通常是可接受的，而剩余40%的差异需要有合理解释并取得佐证性证据；假定注册会计师对其中10%的差异无法得到例题解释或不能取得佐证，则该部分差异金额即为推断错报。

4.1.2 已识别错报的评价

评价审计过程中识别出的错报，主要是定性评估错报是否重大，具体从以下内容评价：

（1）错报对遵守监管要求的影响程度。

（2）错报涉及对某些信息的遗漏。

（3）错报对增加管理层薪酬的影响程度。

（4）错报掩盖收益的变化或其他趋势的程度。

（5）错报与涉及特定机构或人员的项目的相关程度。

（6）错报对用于评价被审计单位财务状况、经营成果或现金流量的有关比率的影响程度。

（7）错报对遵守债务合同或其他合同条款的影响程度。

（8）相对于注册会计师所了解的以前向财务报表使用者传达的信息，错报是重大的。

（9）错报与会计政策的不正确选择或运用相关，可能对未来期间财务报表产生重大影响。

（10）错报影响其他信息，并且可能影响财务报表使用者做出的经济决策。

（11）错报对财务报表中列报的部分信息影响程度。

4.2 审计的重要性
——错报的严重程度是多少？

cfo 要求你知道

错报多严重会影响财务报表使用者的判断——审计重要性的含义

错报的严重程度如何量化——审计重要性水平

什么时候会用到审计重要性——审计重要性的运用

关键术语

审计重要性（importance of audit）

重要性水平（level of importance）

判断基础（judgment basis）

4.2.1 审计重要性的含义

审计项目负责人对被审计单位的基本业务情况进行了解和执行分析程序之后，应对审计工作做出规划。在编制审计计划时，审计人员还应对其重要性进行适当评估。

审计的重要性是指被审计单位财务报表中错报或漏报的严重程度，这一程度在特定环境下可能影响财务报表使用者的判断或决策。

理解审计重要性的含义，必须注意以下内容：

1. 重要性的判断离不开特定的环境

对重要性的判断是根据具体环境做出的。在不同的环境下，被审计单位的规模、性质和报表使用者对信息的需求不尽相同，因此注册会计师确定的重要性也不相同。

提·示

某一金额的错报对一个规模较小的被审计单位的财务报表来说可能是重要的，而对另一规模较大的被审计单位的财务报表来说可能是不重要的。

2. 重要性概念必须从财务报表使用者的角度来考虑

财务报表是为满足报表使用者的信息需求而编制的，因此审计人员必须站在报表使用者的角度，而不是站在审计人员或被审计单位管理层的角度来考虑重要性。

3. 重要性概念是针对财务报表而言的

判断一项错报重要与否，应视其对财务报表使用者依据财务报表做出经济决策的影响程度进行判断，如果财务报表中的某些错报足以改变或影响财务报表使用者的相关决策，则该项错报就是重要的，否则就不重要。

在审计实务中，重要性的适用范围主要包括：

（1）审计人员在执行财务报表审计时，包括对公司以及实行公司化管理的事业单位的年度和非年度财务报表进行的审计，应当运用重要性原则。

（2）审计人员在执行其他鉴证业务时，如盈利预测审核和涉及重要性原则的运用时，除非其他法规和准则有特定要求，应当参照重要性原则办理。

提·示

如果合理预期错报或漏报，单独或汇总起来可能影响财务报表使用者依据财务报表做出的经济决策，则通常认为错报是重要的。

4.2.2 审计重要性水平

1. 两个层次的重要性水平

一般来说，重要性水平是指用金额额度表示的会计信息错报与错弊的严重程度，该错报与错弊未被揭露足以影响会计信息使用者的判断和决策。重要性水平，可以理解为审计重要性的量化标准。在审计过程中，审计人员应当考虑两个层次的重要性水平，即财务报表整体的重要性和特定类别的各交易、账户或披露的重要性水平。

（1）财务报表整体的重要性水平。如果一项错报单独或连同其他错报可能影响财务报表使用者依据财务报表做出的经济决策，则该项错报是重大的。注册会计师在制定总体审计策略时应当确定财务报表整体的重要性，以便能够评价财务报表整体是否公允反映。

财务报表整体重要性水平是被审计单位“总的可容忍错报”，如果未调整的错报总数超过这一水平，审计人员不能发表无保留意见。

（2）各交易、账户或披露的重要性水平。各交易、账户或披露的重要性水平，它是财务报表每一项目的重要性水平，它的确定以审计人员对财务报表整体重要性水平的初步评估为基础。交易、账户余额或披露的重要性水平也称为“可容忍错报”，即使某一项错报超过重要性水平，只要各项目错报累计低于财务报表总体上重要性水平，仍可以发表无保留意见。

提示

重要性水平中指的错报，是指经注册会计师发现财务报表存在的问题后与被审计单位进行沟通，建议被审计单位调整后，仍然存在的错报，即最终的错报。

理解

如果审计人员初步判断被审计单位财务报表整体的重要性水平为 5 000 000 元，审计工作结束后，经过被审计单位错账调整，最终仍存错报 5 200 000 元，超过整体重要性水平，则审计人员不能发表无保留意见。如果审计人员初步判断被审计单位财务报表整体的重要性水平为 5 000 000 元，其中货币资金重要性水平为 700 000 元、应收账款重要性水平为 1 800 000 元、存货重要性水平为 1 700 000 元，固定资产重要性水平为 800 000 元（假设只有上述几项）。相关审计工作结束后，经过被审计单位错账调整，货币资金最终仍有错报为 940 000 元，但上述几项总体最终错报一共为 3 600 000 元，小于财务报表整体的重要性水平，则审计人员可以发表无保留意见的审计报告。

2. 重要性水平的确定

（1）影响重要性水平的因素。审计人员对重要性水平做出初步判断时，可综合考虑以下三方面的主要因素：

① 以往的审计经验。如果对被审计单位以往审计时确定的重要性水平适当，则可作为本次审计时确定重要性水平的依据。

② 被审计单位的经营规模及性质。不同规模或不同性质的企业，重要性水平的确定也不相同。

③ 内部控制的评估结果。被审计单位的内部控制情况不同，重要性水平的确定也不同，通常来说，内部控制健全的被审计单位，重要性水平可定得高一些。

（2）财务报表整体重要性水平的确定。在制定总体审计策略时，审计人员应当确定财务报表整体的重要性。在确定财务报表整体重要性水平时，审计人员通常先选定一个基准，再乘以某一百分比作为财务报表整体的重要性。选择适合具体情况的适当基准和百分比，是注册会计师运用职业判断的结果。

① 判断基础。判断基础是指审计人员在确定财务报表重要性水平时选定的基准，该基准取决于被审计单位的具体情况，包括各类报告收益（如：税前利润、营业收入、毛利和费用总额），以及所有者权益或净资产。对于以营利为目的的实体，通常以经常性业务的税前利润作为基准。如果经常性业务的税前利润不稳定，选用其他标准可能更加合适，如毛利或营业收入。实务中常用的判断基础如表 4-1 所示。

表 4-1　常用的判断基础

被审计单位的情况	可能选择的判断基础
1. 企业的盈利水平保持稳定	经常性业务的税前利润
2. 企业近年来经营状况大幅度波动，盈利和亏损交替发生	过去三到五年经常性业务的税前利润或亏损绝对数的平均值
3. 企业为新设企业，处于开办期，尚未开始经营，目前正在建造厂房及购买机器设备	总资产
4. 企业处于新兴行业，目前侧重于抢占市场份额，扩大企业知名度和影响力	主营业务收入
5. 为某开放式基金，致力于优化投资组合、提高基金净值，为基金持有人创造投资价值	净资产
6. 为某国际企业集团设立在中国的研发中心，主要为集团下属各企业提供研发服务，并向相关企业收取成本	成本与营业费用总额
7. 为公益性质的基金会	捐赠收入或捐赠支出总额

② 计算方法。财务报表整体重要性水平通常采用固定比率法进行计算。固定比率法，是在审计人员选定判断基础后，乘以一个固定百分比，计算出财务报表整体的重要性水平的方法。不同的判断基础，适用的百分比也不尽相同。实务中的常用比率如表 4-2 所示。

表 4-2　常用比率

判断基础	适用百分比
净利润	5%（净利润较大时）或 10%（净利润较小时）
资产总额	0.5%（资产总额较大时）或 1%（资产总额较小时）
净资产	1%
营业收入	0.5%（营业收入较大时）或 1%（营业收入较小时）

审计人员应当首先对每张财务报表确定一个重要性水平，如果同一期间各财务报表的重要性水平不同，审计人员应当取其最低者作为财务报表整体重要性水平。

【例 4-1】某会计师事务所接受华信食品股份有限公司 2017 年度的财务报表审计委托，华信食品股份有限公司未审计的 2017 年度营业收入为 700 000 000 元，资产总额为 2 300 000 000 元。审计小组负责人拟根据营业收入的 1% 和总资产的 0.5% 确定财务报表层次的重要性水平。判断财务报表整体的重要性水平是多少。

经过计算，利润表的重要性水平为 700 000 000×1%=7 000 000 元，资产负债表的重要性水平为 2 300 000 000×0.5%=11 500 000 元，两者相比，7 000 000 元小于 11 500 000 元。因此，财务报表整体的重要性水平确定为 7 000 000 元。

（3）各交易、账户或披露的重要性水平确定。对于各交易、账户或披露的重要性水平的确定，审计人员可以采用分配的方法或不分配的方法。

① 分配的方法是将财务报表整体的重要性水平按一定方法分配至各账户或各类交易。

【例 4-2】审计人员初步确定财务报表整体的重要性水平为 2 200 000 元。审计人员按分配的方法，确定各资产账户（假设只有货币资金、应收账款、存货和固定资产）的重要性水平，通过分析，认为货币资金的重要性水平为 100 000 元，应收账款的重要性水平为 300 000 元，存货的重要性水平为 750 000 元，固定资产的重要性水平为 1 050 000 元。

提示

按分配的方法，各交易、账户或披露的重要性水平的重要性水平合计数与财务报表整体的重要性水平是一致的，在例 4-2 中，即 2 200 000=100 000−300 000+750 000+1 050 000 元。

② 不分配的方法是单独确定各账户或各类交易的重要性水平。

【例 4-3】审计人员初步确定财务报表整体的重要性水平为 2 200 000 元。如果审计人员按不分配的方法，确定各资产账户（假设只有货币资金、应收账款、存货和固定资产）的重要性水平，通过分析，认为货币资金的重要性水平为财务报表整体重要性水平的 10%，应收账款的重要性水平为财务报表整体重要性水平的 20%，存货的重要性水平为财务报表整体重要性水平的 40%，固定资产的重要性水平为财务报表整体重要性水平的 50%，则货币资产、应收账款、存货和固定资产的重要性水平，分别为 220 000 元、440 000 元、880 000 元和 1 100 000 元。

提示

按不分配的方法，各交易、账户或披露的重要性水平的合计数与财务报表整体的重要性水平没有关系，在此例中 220 ≠ 22+44+88+110。

无论采用分配的方法还是不分配的方法，审计人员在确定各交易、账户或披露的重要性水平时，应考虑以下主要因素：

（1）各交易、账户或披露的性质及错报的可能性。

（2）各交易、账户或披露的重要性水平与财务报表层次重要性水平的关系。

提示

在实际工作中，预测哪些账户或交易可能发生错报或漏报比较困难，因此重要性水平的确是一个非常困难的专业判断过程。在审计过程中如修改审计计划，注册会计师应当重新考虑部分或全部账户及交易的重要性水平。

4.2.3 审计重要性的运用

1. 重要性运用的一般原则

对重要性的评估是审计人员的一种专业判断。注册会计师对运用重要性原则的一般要求，可以从以下内容来理解：

（1）需要运用重要性原则的情形。在审计过程中，需要运用重要性原则主要有：

① 在确定审计程序的性质、时间和范围时，此时重要性被看成所允许的可能或潜在的未发现错报的限度，即注册会计师在运用审计程序以检查财务报表的错报时所允许的误差范围。

② 在评价审计结果时，此时重要性被看成某一错报或漏报的汇总数是否会影响到财务报表使用者判断和决策的标准。

（2）需要合理运用重要性原则。注册会计师在审计过程中，需要合理运用重要性原则，主要体现在：

① 审计人员在审计过程中应当运用重要性原则，这是基于这样的考虑：为了提高审计效率；为了保证审计质量。

② 审计人员应当合理运用重要性原则，因为重要性原则运用不当，往往会导致审计成本过大，而浪费人力和时间或审计风险过大，而得出错误的审计结论。

（3）对重要性的评估需要运用专业判断。注册会计师在对某一被审计单位进行审计时，必须根据客户面临的环境，并考虑其他因素，运用专业判断，合理确定重要性水平。

2. 金额和性质的考虑

重要性的判断受错报的金额或性质的影响，或受两者共同作用的影响，也就是说，重要性具有数量和质量两个方面的特征。

错报金额的大小是判断重要性的一个重要因素，同样类型的错报或漏报，数额大的显然要比数额小的更严重。另外，在考虑金额大小的时候，还要注意多项小额错报的累计影响，单独一项错报看来并不重要，但如果多次出现，积少成多就变得重要了。

注册会计师在运用重要性原则时，还应当考虑错报或漏报的性质。在某些情况下，某些金额的错报从金额上考虑并不重要，但从性质方面考虑，则可能是重要的。

提示

性质上重要的错报常见的情形有：涉及舞弊与违法行为的错报和漏报；可能引起履行合同义务的错报或漏报；影响收益趋势的错报或漏报；不期望出现的错报或漏报。

4.3 审计风险
——会有注册会计师发表不恰当审计意见的可能吗？

cfo 要求你懂得

注册会计师审计后可能会发表不恰当的审计意见——审计风险的概念

可能发表不恰当审计意见的原因——审计风险的要素

了解被审计单位影响审计意见的情况——评估重大错报风险

关键术语

审计风险（audit risk）
重大错报风险（major misstatement risk）
固有风险（inherent risk）
控制风险（control risk）
检查风险（check the risk）
特别风险（special risk）

4.3.1 审计风险的概念及要素

1. 审计风险的概念及特征

（1）审计风险的概念。审计风险是指会计报表存在重大错误或漏报，而注册会计师审计后发表不恰当审计意见的可能性。审计风险不仅包含财务报表本身所带来的风险，还包含了审计人员发表错误审计意见可能带来的风险。

提示

审计人员应当通过计划和实施审计工作，获取充分、适当的审计证据，将审计风险降至可接受的水平。

（2）审计风险的特征。审计风险主要具有：

① 客观性。在抽样审计下，根据样本审查结果来推断总体，总会产生一定程度的误差，即审计人员要承担一定程度做出错误审计结论的风险。即使是详细审计，由于经济业务的复杂和管理人员道德品质等因素，仍存在审计结果与客观实际不一致的情况。因此，风险总是存在于审计活动过程中，人们只能认识和控制审计风险，尽量降低其发生的频率和减少损失的程度，而不可能完全消除风险。

② 普遍性。导致审计风险的因素有很多，它存在于审计过程的每一个环节，任何一个环节的审计失误，都会增加最终的审计风险，所以审计风险具有普遍性。

③ 可控性。虽然审计风险无法完全消除，但是审计人员可以运用专业技能和经验，对审计风险进行恰当的预测和评估并采取相应的审计程序和方法，使其得到有效的控制。

2. 审计风险的要素

审计风险取决于重大错报风险和检查风险。因此，审计风险的构成要素包括重大错报风险和检查风险。

（1）重大错报风险。重大错报风险，是指财务报表在审计前存在重大错报的可能性。重大错报风险与被审计单位的风险相关，且独立于财务报表审计而存在。重大错报风险包括两个层次：财务报表层次的重大错报风险和认定层次的重大错报风险。

① 财务报表层次的重大错报风险。财务报表层次重大错报风险与财务报表整体存在广泛联系，可能影响多项认定。

提示

财务报表层次重大错报风险通常与控制环境有关，如管理层缺乏诚信、监督层不能对管理层进行有效监督；但也可能与其他因素有关，如经济萧条、金融危机和企业所处行业处理衰退期。

② 认定层次的重大错报风险。认定层次的重大错报风险包括传统的固有风险和控制风险。

a. 固有风险。固有风险是假设不存在相关的内部控制，某一认定发生重大错报的可能性。导致固有风险的因素有很多，主要有：

- 被审计单位所处的外部环境和竞争能力；
- 被审计单位经营管理人员的品行和能力；
- 容易产生错误和舞弊的账户或交易；
- 要利用专家工作结果予以佐证的重要交易或事项的复杂程度；等等。

b. 控制风险。控制风险是指某项认定发生了重大错报，而该错报没有被企业的内部控制及时防止、发现和纠正的可能性。控制风险取决于财务报表编制单位内部控制的设计和运行的有效性。因为内部控制的固有局限性，控制风险是不可避免的，控制风险的影响因素主要包括被审计单位内部控制制度的健全和有效性程度，同时还包括管理人员的诚信度以及被审计单位的经济情况。

固有风险和控制风险经常互相交织，有时很难单独进行评估。因此，将两者合并称为“认定层次的重大错报风险”。

（2）检查风险。审计检查风险指注册会计师通过预定的审计程序未能发现被审计单位会计报表上存在的某项重大错报或漏报可能性。换言之：审计人员在审计过程中采取任何审计方法，都不能发现被审计单位的错误和舞弊的可能性；以及审计人员在审计过程中出现了审计判断的失误，导致不能发现被审计单位的错误和舞弊的可能性，就是审计检查风险。

检查风险是不受固有风险和控制风险的影响而独立的存在于审计过程中的一种风险，它与审计人员工作的有效性直接相关，它是唯一能够通过注册会计师的主观努力而加以控制的风险。

提示

使用更有效的审计程序可降低检查风险。

3. 审计风险和各要素之间的关系

审计风险受重大错报风险和检查风险的共同影响，三者的关系，如公式所示：

审计风险 = 重大错报风险 × 检查风险

从公式可以看出，重大错报风险与检查风险存在反向关系，当审计风险既定时，评估的重大错报风险越高，可接受的检查风险水平越低。

【例 4-4】假设针对某一认定，审计人员将可接受的审计风险水平设定为 6%，审计人员实施风险评估程序后，将该认定的重大错报风险评估为 25%，那么可接受的检查风险为多少？

根据上述公式，可接受的检查风险水平为 24%（6% ÷ 25%）。

4.3.2 重大错报风险的评估

1. 识别和评估两个层次的重大错报风险

在识别和评估两个层次的重大错报风险时，注册会计师应当实施下列审计程序：

（1）在了解被审计单位及其环境（包括与风险相关的控制）的整个过程中，结合对财务报表中各类交易、账户余额和披露的考虑，识别风险。

（2）结合对拟测试的相关控制的考虑，将识别出的风险与认定层次可能发生错报的领域相联系。

（3）评估识别出的风险，并评价其是否更广泛地与财务报表整体相关，进而潜在的影响多项认定。

（4）考虑发生错报的可能性（包括发生多项错报的可能性），以及潜在错报的重大程度是否足以导致重大错报。

2. 需要特别考虑的重大错报风险

审计人员应当运用职业判断，确定哪些识别的风险属于特别风险。在确定风险的性质时，审计人员应当考虑下列事项：

（1）风险是否属于舞弊风险。

（2）风险是否与近期经济环境、会计处理方法和其他方面的重大变化有关，因而需要特别关注。

（3）交易的复杂程度。

（4）风险是否涉及重大的关联方交易。

（5）财务信息计量的主观程度，特别是计量结果是否具有高度不确定性。

（6）风险是否涉及异常或超出正常经营过程的重大交易。

3. 对重大错报风险评估的修正

如果通过实施进一步审计程序获取的审计证据与初始评估获取的审计证据相矛盾，注册会计师应当修正风险评估结果，并相应修改原计划实施的进一步审计程序。

提示

对重大错报风险的评估是一个持续的、不断修正的过程，贯穿于整个审计业务的始终。

4.3.3 审计风险与审计重要性水平之间的关系

审计重要性水平与审计风险之间存在反向关系。重要性水平越高，审计风险越低；重要性水平越低，审计风险越高。

提示

这里所说的重要性水平高低指的是金额的大小，重要性水平高是指金额较大，重要性水平低是指金额较小，比如 5 000 元的重要性水平比 3 000 元的重要性水平高。

在理解两者之间的关系时，必须注意，重要性水平是审计人员从财务报表使用者的角度进行判断的结果。

理解

如果重要性水平是 5 000 元，则意味着低于 5 000 元的错报不会影响到财务报表使用者的决策，此时审计人员需要通过执行有关审计程序合理保证能发现高于 5 000 元的错报。如果重要性水平是 3 000 元，则金额在 3 000 元以上的错报就会影响财务报表使用者的决策，此时注册会计师需要通过执行有关审计程序合理保证能发现金额在 3 000 元以上的错报。显然，重要性水平为 3 000 元时审计不出这样重大错报的可能性即审计风险，要比重要性水平为 5 000 元时的审计风险高。

值得注意的是，虽然重要性水平和审计风险存在上述反向关系，但注册会计师不能为了降低审计风险，而不合理地人为调高重要性水平。因为重要性水平是依据相关判断标准确定的，而不是由审计人员主观期望的审计风险水平决定的。

4.4 审计计划

——审计工作按照什么规划执行呢？

cfo 要求你懂得

审计工作的提前规划包含的内容——审计计划的内容
审计计划由谁来写——审计计划的编制
审计计划由谁来审——审计计划的审核
审计计划在执行过程能不能变——审计计划的修订

关键术语

审计计划（audit plan）
总体审计策略（overall audit strategy）
具体审计计划（specific audit plan）

4.4.1 审计计划的内容

审计计划是指审计人员为了完成各项审计业务，达到预期的审计目标，在执行审计程序之前编制的工作计划。审计计划是对审计工作的一种预先规划，在执行审计过程中，可能情况会发生变化，因此，对审计计划要进行相应的补充和修订。

提示

审计计划的补充和修订会贯穿于整个审计工作的过程。

审计人员在整个审计过程中，应当按照审计计划执行审计业务。审计计划包括总体审计策略和具体审计计划两个层次。

1. 总体审计策略

总体审计策略主要用以确定审计范围、时间和方向；明确审计业务的报告目标、时间安排和所需要的沟通；确定审计方向以及审计资源的规划和调配，并指导制订具体审计计划。

（1）总体审计策略的基本内容。总体审计策略的基本内容一般包括：

① 确定审计业务的特征。包括被审计单位采用的会计准则和相关会计制度、特定行业的报告要求以及被审计单位组成部分的分布，以界定审计范围。

② 明确审计业务的报告目标。主要说明是由董事会委托所接受的例行年度财务报表审计，还是为拟上市公司首次发行股票审计，或者是其他的专项审计。

③ 重要会计问题及重点审计领域。这主要是根据被审计单位业务的复杂程序和账户的重要性、对重大错报风险的评价以及审计人员以往的审计经验来决定。

④ 审计小组组成及人员分工。主要指在审计小组人员的选派上要充分考虑其数量、经历、经验和合理分工搭配。向高风险领域分派有适当经验的项目组成员，向具体审计领域分配资源的数量，比如安排到重要存货存放地观察存货盘点的项目组成员数量，以及在一定情况下，利用专家、内部审计人员及其他审计人员工作。

⑤ 审计的工作进度、时间及费用预算。这主要指对审计工作中何时开始实施审计，检查各个账户所需要的时间，财务报表截止日前后所要完成的工作，有时间限制的审计程序（如盘点）什么时候执行，现场工作结束日及报告签发日的规划和说明。

⑥ 审计重要性的确定及审计风险的评估。

⑦ 其他有关内容。

总体审计策略的详略程度应随被审计单位的规模及该项审计业务复杂程度的不同而进行调整。如果被审计单位规模小，或者审计业务的内容比较简单，则总体审计策略的制定可以相对简单。总体审计策略制定后，注册会计师还可以根据实施风险评估程序的结果对上述内容予以调整。

（2）总体审计策略示例。总体审计策略示例如表 4-3 所示。

表 4-3　总体审计策略示例

客户名称	华信食品股份有限公司	财务报表期间	2017 年度	工作底稿索引号	BE

编制人及复核人员签字：

编制人：孙某	日期：2017 年 12 月 31 日
复核人：李某	日期：2017 年 12 月 31 日

目录

① 审计工作范围

② 重要性

③ 报告目标、时间安排及所需沟通

④ 人员安排

⑤ 对专家或有关人士工作的利用（如适用）

① 审计工作范围如表 4-4 所示。

表 4-4 审计工作范围

报告要求	
适用的财务报告准则	《企业会计准则》
适用的审计准则	《中国注册会计师审计准则》
与财务报告相关的行业特别规定	《上市公司信息披露管理办法》
需要阅读含有已审计财务报表的文件中的其他信息	《上市公司年报》
制定审计策略需考虑的其他事项	1. 内部审计工作具有较高的可信赖性； 2. 使用用友网络科技股份有限公司开发的有关审计软件，精通财务会计实务中有关财务会计软件； 3. 华信食品股份有限公司计划于 2017 年 12 月 31 日进行存货盘点，某会计师事务所计划同时进行存货监盘

② 审计重要性如表 4-5 所示。

表 4-5 审计重要性

重要性	确定性
按照《中国注册会计师审计准则第 1221 号——重要性》确定	财务报表 净利润的 5%，或总收入的 0.5%，或总资产的 0.2%。 各类交易、账户余额、列报： 货币资金：7 000 000 元 存货：55 000 000 元 应收账款：40 000 000 元 固定资产：50 000 000 元 长期股权投资：10 000 000 元 应付职工薪酬：50 000 000 元 应付股利：9 000 000 元 所有者权益：14 000 000 元

③ 报告目标、时间安排及所需沟通。对外报告时间安排及执行审计工作时间安排如表 4-6 和表 4-7 所示。

表 4-6 对外报告时间安排

对外报告	时间
提交财务报告	2018 年 3 月 20 日

表 4-7 执行审计工作时间安排

执行审计工作时间安排	时间
期中审计，包括：	
制定总体审计策略及具体审计计划	审计约定书签署日即开始，直至审计工作结束
与治理层和管理层沟通	在审计过程中，计划就审计工作的性质、范围与时间等情况与治理层和管理层举行 2 次专门会议，具体时间和内容待制定具体审计计划时确定
出具与治理层等沟通函	出具时间为 2018 年 3 月 5 日
项目预备会议	于 2018 年 1 月 10 日召开

（续表）

执行审计工作时间安排	时间
与专家或有关人士和其他注册会计师沟通	在审计过程中，根据工作需要，项目组中某会计师事务所成员随时进行沟通
与前任注册会计师进行沟通	计划于 2018 年 1 月 12 日和 3 月 10 日
期末审计，包括：	
监盘	2017 年 12 月 31 日
提交审计报告	2018 年 2 月 26 日
审计总结会议	2018 年 3 月 19 日

④ 人员安排如表 4-8 所示。

表 4-8　人员安排表

职位	姓名	主要责任
项目负责人	李某	负责项目的全面工作
项目经理	孙某	负责项目的日常管理和内部协调
注册会计师	张某，李某	负责审计的具体实施工作
会计师	刘某，李某，何某	协助注册会计师完成审计取证工作
审计助理人员	孙某，赵某，杨某	协助注册会计师完成审计取证工作

⑤ 对专业或有关人士工作的利用（如适用）。

a. 对内部审计工作的利用如表 4-9 所示。

表 4-9　对专业或有关人士工作的利用

主要会计科目	拟利用的内部审计工作
存货	内部审计部门对各仓库的存货每半年至少盘点一次，在中期审计时，项目组已经对内部审计部门盘点步骤进行观察，其结果满意，因此项目组将审阅其年底的盘点结果，并缩小存货监盘的范围。
生产成本 制造费用	内部审计部门对公司财务报表进行的年度审计，其中成本与费用审计部分的审计程序与方法较为科学、合理与合规，所做的审计工作底稿较完整与健全，结论有一定的可信度，注册会计师可利用之。

b. 对专家工作的利用如表 4-10 所示。

表 4-10　对专家工作利用

主要会计科目	专家名称	主要职责及工作范围	利用专家工作的原因
在建工程	某咨询公司技术专家工程师何某	测定在建工程的发生额	由于所涉及工程进行标准的技术限制，需由专门技术人员测定其发生额。

2. 具体审计计划

具体审计计划比总体审计策略更加详细，是依据总体审计策略制定，对实施总体审计策略所需要的审计程序和性质、时间和范围所做的详细规划及说明。

（1）具体审计计划的一般内容。具体审计计划一般包括下列内容：

① 按照《中国注册会计师审计准则第 1211 号——通过了解被审计单位及其环境识别和评估重大错报风险》中规定，为了足够识别和评估财务报表重大错报风险，注册会计师计划实施的风险评估程序的性质、时间、范围。

② 按照《中国注册会计师审计准则第 1231 号——针对评估的重大错报风险采取的应对措施》中规定，针对评估的认定层次的重大错报风险，注册会计师计划实施的进一步审计程序的性质、时间、范围。

③ 根据《中国注册会计师审计准则》中规定，注册会计师针对审计业务需要实施的其他审计程序。其他审计程序是指上述进一步程序的计划中没有涵盖的，或根据其他审计准则的要求注册会计师应当执行的既定程序。

具体审计计划中应列明审计目标、审计步骤、执行人及执行审计工作时底稿的索引号及其他有关内容，其繁简程度取决于被审计单位的经营规模和预定审计工作的复杂程度。

（2）具体审计计划示例。具体审计计划示例如图 4-1 所示。

某会计师事务所有限公司

——具体审计计划

被审计单位名称：

委托审计期间：

项目负责人：　　　　日期：

部门经理：　　　　日期：

主任会计师：　　　　日期：

目录：

一、风险评估程序

（一）一般风险评估程序

（二）针对特定项目的程序

二、了解被审计单位及其环境（不包括内部控制）

（一）行业状况、法律环境与监管环境以及其他外部因素

（二）被审计单位性质

（三）会计政策的选用

（四）目标、战略及相关经营风险

（五）财务业绩的衡量和评价

三、了解内部控制

（一）控制环境

（二）被审计单位的风险评估过程

（三）信息系统与沟通

（四）控制活动

（五）对控制的监督

四、对风险评估及审计计划的讨论

五、评估的重大错报风险

（一）评估的财务报表层次的重大错报风险

（二）评估的认定层次的重大错报风险

六、计划的进一步审计程序

（一）重要账户或列报的计划总体方案

（二）计算机辅助审计技术的应用

图 4-1　具体审计计划范例图

一、风险评估程序

（一）一般评估程序

实施的评估程序	执行人及日期	工作底稿索引
1. 询问程序		
2. 观察和检查程序		
……		

1. 询问程序

被询问人	职务	询问内容	执行人及日期	工作底稿索引

2. 观察和检查程序

观察对象	观察地点或方式	执行人及日期	工作底稿索引

（二）对特定项目的程序

（三）评估结论：

二、了解被审计单位及其环境（不包括内部控制）

（一）行业状况、法律环境与监管环境以及其他外部因素

了解内容	执行人及日期	工作底稿索引
1. 行业状况		
2. 法律环境		
……		

（二）被审计单位的性质

了解内容	执行人
1. 所有权结构	
2. 治理结构	
……	

三、了解内部控制

了解内容	执行人及日期	工作底稿索引
1. 控制环境		
2. 企业的风险评估过程		
……		

……

图 4-1　具体审计计划范例图（续）

4.4.2 审计计划的编制

审计计划通常由审计项目负责人在审计工作开始时起草，项目组其他关键成员也要参与审计计划的编制工作。审计计划应形成书面文件，并最终形成审计工作底稿的一部分。审计计划的文件形式多种多样，主要有表格式、问卷式和文字叙述式三种主要形式。无论采用哪种形式，均不能生搬硬套，因为不同的被审计单位，具体情况和审计目标不同。

提示 审计计划的文件格式和内容需要根据实际情况酌情调整。

按执业准则规定，审计人员可以与被审计单位的有关人员就总体审计策略的要点和某些审计程序进行讨论，并使审计程序与被审计单位有关人员的工作相协调，但独立编制审计计划仍是审计人员的责任。执业准则还规定，审计计划应当在具体实施前下达至审计小组的全体成员；审计人员应当根据审计情况的变化及时对审计计划进行修改和补充。审计计划修改和补充意见应经审计组织有关业务负责人同意，并记录于审计工作底稿。

虽然编制总体审计策略的过程通常在具体审计计划之前，但是两项活动并不是孤立的和不连续的过程，而是内在紧密联系的，对其中一项的决定可能会影响甚至改变对另一项的决定。在实务中，审计人员将制定总体审计策略和具体审计计划相结合进行，可能会使计划审计工作更有效率及效果。

1. 总体审计策略的编制

（1）编制总体审计策略需考虑的情况。在编制总体审计策略时，至少需要考虑以下情况：

① 编制审计的财务信息所依据的财务报告编制为基础。

② 特定行业的报告要求，如某些行业监管机构要求提交的报告。

③ 预期审计工作涵盖的范围，包括应涵盖的组成部分的数量及所在地点。

④ 拟审计的经营分部的性质，包括是否需要具备专门知识。

⑤ 内部审计工作的可获得性及注册会计师拟信赖内部审计工作的程度。

⑥ 信息技术对审计程序的影响，包括数据的可获得性和对使用计算机辅助审计技术的预期。

⑦ 与被审计单位人员的时间协调和相关数据的可获得性。

⑧ 除为合并目的执行的审计工作之外，对个别财务报表进行法定审计的需求。

⑨ 对利用在以前审计工作中获取的审计证据（如获取的与风险评估程序和控制测试相关的审计证据）的预期。

（2）时间预算表。在编制总体审计策略中，时间预算是一个十分重要的内容。时间预算是指对执行审计程序的每一步骤需要的人员和工作时间所做的计划。当然，在执行审计业务过程中，如果出现新问题或审计环境发生变化，应对时间预算进行调整。如果时间预算与实际耗用时间存在较大差异，审计人员应说明差异的原因。常见的时间预算表格式如表 4-11 所示。

表 4-11　时间预算表　　单位：小时

耗用时间 / 审计项目	上年实际耗用时间	本年预算	本年实际				本年实际与预算差异	差异说明
			总时数	其中：				
				刘某	王某	张某		
现金	10	8	7	7			−1	
应收账款	40	35	35	10	25		0	
存货	50	40	42	12	10	20	+2	
固定资产	20	15	15		5	10	0	
……	……	……	……	……	……	……	……	
总计								

2. 具体审计计划的编制

具体审计计划是对审计程序进行的详细规划与说明，所以在实际工作中，通常以编制“审计程序表”的方式体现。常见的审计程序表格式如表 4-12 所示。

表 4-12　审计程序表

华信食品股份有限公司　　总页次 ______ 索引号 ______
2017 年 12 月 31 日　　编制人 ______ 日期 ________
×× 账户　　复核人 ______ 日期 ________

步骤	审计程序	执行人	日期	工作底稿索引
1				
2				
……				

4.4.3　审计计划的审核

按照审计准则规定，编制完成的审计计划最终需经会计师事务所的有关业务负责人审核和批准。重大审计项目的审计计划，应经主任会计师审核和批准，甚至需经事务所最高决策层集体讨论决定。对在审核中发现的问题，应及时进行相应的修改、补充和完善。对审计计划的审核和批准意见应记录于审计工作底稿。

1. 总体审计策略的审核

在审核总体审计策略时，应注意审核以下事项：审计目标、审计范围及重点领域的确定是否恰当；时间预算是否合理；审计项目组成员的选派与分工是否恰当；对被审计单位的内部控制制度的信赖程度是否恰当；对审计重要性的确定及审计风险的评估是否恰当；对专家、内部审计人员及其他审计人员工作的利用是否恰当。

2. 具体审计计划的审核

在审核具体审计计划时，应注意审核以下事项：审计程序能否达到审计目标；审计程序是否适合各审计项目的具体情况；重点审计领域中各审计项目的审计程序是否恰当；重点审计程序的制定是否恰当。

【例 4-5】某会计师事务所接受委托审计华信食品股份有限公司 2017 年度财务报表业务。华信食品股份有限公司由 1 家母公司、3 家子公司和两家采用权益法核算的合营企业，以及其他投资实体 12 家构成。某会计师事务所委派注册会计师孙某担任集团项目合伙人。集团项目根据所了解到的具体情况，拟订了审计计划，部分内容如下：

（1）在确定组成部分时，应当根据《企业会计准则》，以合并财务报表的合并范围以及控制为基础加以确定，将华信食品股份有限公司中 1 家母公司和所下设的 3 家子公司作为集团财务报表的组成部分。

（2）为保证审计质量，集团项目组在与组成部分的注册会计师沟通中明确各自的责任：组成部分的注册会计师对组成部分所发现的问题与得出的结论以及形成的意见负责，集团项目合伙人及其所在会计师事务所对集团审计意见负责，如果组成部分的注册会计师没有发现组成部分存在的重大错报，由此导致的审计风险由集团项目组负责。

（3）基于集团审计的目的，只有计划要求由组成部分的注册会计师和执行组成部分财务信息的相关工作时，集团项目组才需要了解组成部分的注册会计师，如果集团项目组仅在集团层对某些组成部分实施分析程序时，就不必了解这些组成部分的注册会计师。

（4）在制定集团总体审计策略时，集团项目组确定集团财务报表整体的重要性水平，并按照比例分配的方式，确定各组成部分的重要性水平，对于各组成部分的重要性的汇总数不能高于集团财务报表整体的重要性水平。

针对上述（1）~（4）项，分别指出集团项目审计组在所拟订的审计计划中是否存在不当之处，并简要说明理由。

分析：

（1）存在不当之处。集团财务报表与合并财务报表的范畴不同，集团结构决定了其组成部分，根据华信食品股份有限公司的组织结构规定，其母公司、子公司、合营企业以及按照权益法或成本法核算的其他投资实体均应被视为组成部分。

（2）存在不当之处。《中国注册会计师审计准则》中规定，集团项目组对整个集团财务报表审计工作及审计意见负全部责任，这一责任不因利用组成部分注册会计师的工作而减轻。所以，尽管组成部分的注册会计师对组成部分所有发现的问题和得出的结论以及形成的意见负责，但集团项目合伙人及其所在会计师事务所仍应对集团审计意见负有全部责任。

（3）正确。

（4）存在不当之处。组成部分的重要性水平必须低于集团财务报表整体的重要性水平，但在确定各组成部分的重要性水平时，不必采用将集团财务报表整体按比例分配的方式，因为对于不同组成部分确定的重要性水平的汇总数，有可能高于集团财务报表整体的重要性水平。

4.4.4 审计计划的修正与记录

1. 审计计划的修正

计划审计工作是一个持续的、不断修正的过程，贯穿于整个审计业务的始终。由于未预期事项和条件的变化或在实施审计程序中获取的审计证据等原因，注册会计师经常需要在审计过程中对总体审计策略和具体审计计划做出必要的更新和修改。

通常，重大的总体审计策略的更新和修改要报经会计师事务所主要负责人审查批准；具体审计计划的更新和修改则授权该审计项目的负责人进行决策。审计人员应根据更新和修改后的总体审计策略和具体审计计划，相应调整实施审计工作。

【例 4-6】某会计师事务所几年来一直承接对华信食品股份有限公司的审计工作。由于华信食品股份有限公司各方面的情况都令人满意，且财务报表向来合法、公允。因此，某会计师事务所从未对华信食品股份有限公司出具过非标准审计报告。2018 年，瑞实会计师事务派一位新招聘的注册会计师刘某负责这项审计工作。主任会计师告诉刘某 2018 年的时间预算应当与以前年度保持一致。审计期间，刘某对以下事项向会计师事务所做了报告：华信食品股份有限公司最近对其存货系统实行电算化改造；总会计师此间辞职；控制测试发现许多错误。为了在预算的时间内完成审计任务，刘某负责的审计小组并未对电算化系统进行测试。最终出具了标准审计报告。但几个月后，华信食品股份有限公司陷入严重的财务困境。

调查表明，由于计算机系统错误的存货定价，未考虑存货的过期贬值，由此导致了对存货价值的高估。新任总会计师伪造发票，以维持销售收入水平与以前年度相当，由此高估收入和债权，此外，负责存货审计的助理人员是一名刚毕业的学生，只测试了很少的存货样本。这些样本中存在的存货计价错误被认为不重要，因此没有追加进一步的审计程序。而且，在了解了华信食品股份有限公司存货系统改造的情况之后，也并未对原定的审计时间和预算进行修改，这些情况综合导致了此次审计失败。可见，在实施审计程序之前做充分的审计计划，在实施审计过程中不断修正审计计划，对于审计成败是十分重要的。

注册会计师应当记录审计计划，既包括总体审计策略和具体审计计划，也包括在审计工作过程中做出的任何重大更改。对总体审计策略的记录，应当包括为恰当计划审计工作和向项目组传达重大事项而做出的关键决策；对具体审计计划的记录，应当能够反映计划实施的风险评估程序的性质、时间和范围，以及针对评估的重大错报风险计划实施的进一步审计程序的性质、时间和范围。审计人员应当记录对总体审计策略和具体审计计划做出的重大更改及其理由，以及对导致此类更改的事项、条件或审计程序结果采取的应对措施。不论采用何种方法，审计人员均要注意对计划更改的记录应当符合准则的要求。

阅读：

某会计师事务所接受 SM 企业的委托，审计 SM 企业的 2017 年度的财务报表。该会计师事务所委派注册会计师张某担任项目经理，负责编制审计计划。

总体审计策略

被审计单位：SM 企业	编制人：张某 26/1/2018	索引号：
会计期间和截止日：2017 年 12 月 31 日	复核人：王某 26/1/2018	页次：

一、委托审计的目的、范围

审计 SM 企业 2017 年 12 月 31 日资产负债表、所有者权益变动表、该年度损益表和现金流量表。

二、审计策略（是否实施预审，是否进行符合性测试；实质性测试按业务循环还是按报表项目）由于B企业是常年客户，不进行全面符合性测试，但对于变动较大的项目实施双重目的测试；按会计报表项目进行实质性测试。

三、评价内部控制和审计风险

内部控制制度尚健全，但由于本年度企业由盈转亏，可能存在某种程度的财务问题，审计风险较大。

四、重要会计问题及重点审计领域

（1）营业收入、营业成本项目。

（2）影响利润的其他业务利润、费用和营业外支出项目。

（3）应收账款项目。

（4）存货项目。

（5）在建工程项目。

五、重要性标准初步估计

采用总收入法：

按前三年平均营业收入（万元）38088×0.5%=190.44

按2007年营业收入（万元）28399×0.5%=141.995（保留两位小数，应为142.00）

综合考虑B企业的审计风险，B企业报表总体重要性水平可初步评价为120万元。

六、计划审计日期

外勤工作自2018年1月26日至2018年2月2日，共计8天48人次。

编写报告自2018年2月3日至2月10日。

七、审计小组组成及人员分工如表4-13所示。

表4-13 审计小组组成及人员分工

姓名	职务或职称	分工	备注
王某	副主任会计师	审批审计计划、复核底稿	
李某	注册会计师	编制审计计划、综合类底稿和复核底稿	项目小组组长
王某	注册会计师	损益类项目	
张某	注册会计师	资产类、负债类项目	
赵某	助理人员	盘点 协助张某审计资产类项目	
周某	助理人员	发函证，协助张某审计负债类项目	

八、具体审计计划如表4-14所示。

表4-14 具体审计计划

应收账款审计程序表	索引号C7
查验人员：	日期：
复核人员：	日期：

（一）审计目标

（1）确定应收账款是否存在。

（2）确定应收账款是否归被审计单位所有。

（3）确定应收账款增减变动的记录是否完整。

（4）确定应收账款是否可收回，准备的计提是否恰当。

（5）确定应收账款年末余额是否正确。

（6）确定应收账款在会计报表中的披露是否恰当。

（二）应收账款审计程序如表 4-15、4-16 所示。

表 4-15　应收账款审计程序

审计重点	审计程序	执行情况说明	索引号
	1．核对应收账款明细账余额与总账、报表余额是否相符	√	
	2．获取或编制应收账款余额明细表，复核加计数额是否正确	√	
√	3．分析应收账款的账龄及余额构成，选取账龄长、金额大的应收款项向债务人进行函证，并根据回函情况编制函证结果汇总表。回函金额不符的，要查明原因做出记录或适当调整	√	
√	4．对未回函的或未发询证函的应收账款，可采用替代审计程序进行检查，根据替代检查结果判断其债权的真实性与可收回性	√	
	5．检查应收账款中是否有无法收回的款项	√	
	6．检查有无不属于结算业务的债权，如有应做出记录或做适当调整	√	
	7．对于用非记账本位币结算的应收账款，检查其采用的汇率及折算方法是否正确	不适用	
	8．分析应收账款明细账余额，对于出现贷方余额的项目，应查明原因，必要时做重分类调整	√	
	9．验明应收账款是否已在资产负债表上恰当披露	√	

表 4-16　应收账款审计程序　　索引号 C7-1

查验人员：　　日期：

复核人员：　　日期：　　　　单位：元

上期末审定数	索引号	未审数核对		索引号	调整分录金额（+、-）	重分类分录金额（+、-）	审定数
		项目	金额				
127804532.78		报表数	151670893.14		-1531128.25		150139764.89
		明细账					
		AB	458812		-8088.12		450723.88
		AC	22543.65		-225.44		22318.21
		AD	21215678.32		-212156.78		21003521.54
		AE	325858.32		-3258.58		322599.74

（续表）

上期末审定数	索引号	未审数核对		索引号	调整分录金额（+、-）	重分类分录金额（+、-）	审定数
		项目	金额				
		AF	545966		-16378.98		529587.02
		AG	129102034.85		-1291020.35		127811014.50
		合计	151670893.14	C9-1			150139764.89

重分类分录：
调整分录：见 C9-1
审计结论：调整后可以确认

1. 获取或编制应收账款明细表（客户名称、金额、账龄）
2. 应收账款函询情况表
3. 应收账款函询未回函替代程序检查表

5 内部控制

开展审计工作应先了解被审计单位的内部控制

CFO 导语

开展审计工作时，应该知道：

1. 内部控制是如何理解的？
2. 内部控制的五要素是什么？
3. 内部控制的具体内容包括哪些？
4. 应如何描述了解到的内部控制？
5. 应如何评价内部控制？

本项目架构

- 内部控制概述
  - 内部控制的描述方法
    - 内部控制的评价

5.1 内部控制概述

——内部控制如何理解？包括哪些内容？

5-1

cfo 要求你懂得

一种有效的管理工具——内部控制

内部控制必需涵盖的内容——内部控制的要素

关键术语

内部控制（internal controls）
内部环境（internal environment）
风险评估（risk assessment）
控制活动（control activity）
信息与沟通（information and communication）
内部监督（internal supervision）
经营风险（business risk）
财务风险（financial risk）

内部控制的产生和发展，促使审计工作从全面详细审计，发展成为以抽样测试为基础的系统导向审计。审查和评价被审计单位的内部控制系统，是现代审计的重要特征。

5.1.1 内部控制的概念

内部控制是在一定的环境下，单位为了提高经营效率、充分有效地获得和使用各种资源，达到既定管理目标，而在单位内部实施的各种制约和调节的组织、计划、程序和方法。

企业规模越大，内部控制的重要性越显著。企业建立内部控制的必要性主要体现在以下几个方面：

1. 科学管理的要求

内部控制作为一种有效的管理工具，能够帮助企业董事会和经理层对其实现目标的各种活动进行有效的组织、制约、考核和调节，为各种信息的准确性和可靠性以及各类活动达到预期的目标提供合理的保证。

2. 法律、法规的要求

《中华人民共和国会计法》中规定，各单位应当建立、健全本单位内部会计监督制度。2008年6月，中国财政部、证监会、审计署、银监会、保监会联合发布了《企业内部控制基本规范》；2010年5月，上述五部委联合发布了《企业内部控制配套指引》。至此，企业内部控制法律体系基本形成。因此，企业建立有效的内部控制是应履行的一项法律责任，同时检查和评价被审计单位的内部控制也成为审计人员进行审计不可缺少的内容。

3. 成本效益原则的要求

企业在建立内部控制的过程中，要求企业针对所面临的风险，根据成本效益原则的要求，选择能够实现“控制过度”与“控制不足”的总成本最小化的控制水平。

5.1.2 内部控制的要素

企业建立与实施有效的内部控制，应当包括内部环境、风险评估、控制活动、信息与沟通和内部监督五项要素。

1. 内部环境

内部环境是提供企业纪律、架构与文化，并影响企业员工的控制意识，是所有其他内部控制组成要素的基础。内部环境的因素一般包括诚信的原则和道德价值观、评定员工的能力、机构设置及权责分配，同时还包括内部审计和人力资源政策。

2. 风险评估

风险评估是企业及时识别、系统分析经营活动中与实现内部控制目标相关的风险，合理确定风险应对策略。具体包括目标、风险和环境变化后的管理。

3. 控制活动

控制活动是企业根据风险评估结果，采用相应的控制措施，将风险控制在可承受范围之内。控制活动是确保管理层的指令得以执行的政策及程序，在企业内的各个管理层和职能之间都会出现。主要包括高层经理人员对企业绩效进行分析与相关部门进行管理和对信息处理的控制、实体控制、绩效指标的比较和工作分工。

4. 信息与沟通

信息与沟通是企业及时、准确地收集、传递与内部控制相关的信息，确保信息在企业内部与企业外部之间进行有效沟通。企业所有员工必须从管理层清楚地获取承担控制责任的信息，而且必须有向上级部门沟通重要信息的方法，并对外界顾客、供应商、政府主管机关和股东做有效的沟通。

5. 内部监督

内部监督是企业对内部控制建立与实施情况进行监督检查，评价内部控制的有效性，发现内部控制缺陷应当及时加以改进。内部控制需要监督，内部监督活动可确保企业内部控制能持续有效地工作。具体包括持续的监控活动、个别评估和报告缺陷。

提示

内部控制的五个要素之间不是互相孤立存在的，而是互相支撑、紧密联系的统一体。

（1）内部环境是基础，决定其他要素能否有效运行。

（2）内部监督是对内部控制质量进行评价的过程。

（3）企业通过一定的技术手段，找出影响战略目标实现的各种因素，并对其存在的风险隐患进行分析，从而确定相应的风险应对策略，就是风险评估，它是采取控制活动的根据。

（4）根据明确的风险应对策略，企业采取有效控制风险的应对措施，就是控制活动。

（5）信息与沟通在五个要素中处于承上启下、沟通内外的关键地位。控制环境与其他要素之间的相互作用需要通过信息与沟通这一桥梁才能发挥作用。风险评估、控制活动和内部监督的实施需要以信息与沟通结果为依据，它们的结果也需要通过信息与沟通渠道来反映。

5.1.3 内部控制的内容

要对内部控制进行评审，首先必须充分了解其构成内容。由于每个单位的性质和业务规模等不同，内部控制的具体内容也不完全相同。概括起来，内部控制的构成内容主要分为如下几个方面：

1. 授权批准控制

授权批准是指单位在处理经济业务的过程中必须经授权批准以后才能执行而进行控制。企业每一层的管理人员既是上级管理人员的授权客体，又是对下级管理人员授权的主体。

授权标准的形式通常有一般授权和特别授权之分。一般授权是办理常规性的经济业务的权力、条件和有关责任者做出的规定，这些规定在管理部门中采用文件形式或在经济业务中规定一般性交易办理的条件、范围和对该项交易的责任关系。在日常业务处理中可以按照规定的权限范围和有关职责自行办理。特别授权指授权处理非常规性业务，比如重大筹资行为、投资决策、股票发行。

内部控制要求明确一般授权和特别授权的责任和权限，以及每笔经济业务的授权批准程序。

2. 组织结构控制

实行和完善内部控制，首先要从本单位的组织结构开始。主要包括确定单位的组织形式，明确相关的管理职能和报告关系，以及为每个组织单位内部划分责任权限。

根据内部控制的要求，单位在确定和完善组织结构的过程中，应当遵循不相容职务相分离的原则。所谓不相容职务，是指那些如果由一个人或一个部门担任，既可能弄虚作假，又能够自己掩盖其舞弊行为的职务。单位的经济活动通常可以划分五个步骤，即授权、签发、核准、执行、记录。

一般情况下，如果授权、签发、核准、执行、记录的每一步骤均由相对独立的人员或部门实施，就能够保证不相容职务的分离，便于内部控制作用的发挥。

3. 会计记录控制

会计记录控制的要求是保证会计信息反映及时、完整、准确、合法。一个单位的会计机构实行会计记录控制，要建立会计人员岗位责任制，对会计人员进行科学的分工，使之形成相互分离和制约的关系。经济业务一经发生，就应对记载经济业务的所有凭证进行连续编号，通过复式记账在两个或两个以上相关账户中进行登记，以防止经济业务的遗漏和重复，揭示某些弊端问题。

4. 资产保护控制

资产保护控制主要包括接近控制和盘点控制。广义上说，资产保护控制可以包括对实物的采购、保管、发货及销售等各个环节进行控制。

接近控制主要是指严格控制无关人员对资产的接触，只有经过授权批准的人员才能够接触资产。一般情况下，现金、银行存款、其他货币资金、有价证券、存货等变现能力较强的资产必须限制无关人员直接接触，间接接触可通过保管、批准、记录及不相容职务的分离和授权批准控制来达到。

盘点控制是指对实物资产进行盘点并将盘点结果与会计记录进行比较，盘点结果与会计记录如不一致，可能说明资产管理上出现错误、浪费、损失或其他不正常现象。

5. 职工素质控制

职工素质控制包括企业在招聘、使用、培养和奖惩等方面对职工素质进行控制。招聘是保证单位的职工应有素质的重要环节，单位的人事部门和用人部门应共同对应聘人员的素质、水平和能力等有关情况进行全面的测试、调查与试用，以确保受聘人员能够适应工作要求。

如果管理层重视对单位内职工的投资、管理和使用，合理配置组织内的人力资源，职工所创造的价值必然会增加；反之，就会造成人力资源价值的不充分发挥，甚至损失和浪费。

6. 预算控制

预算控制是内部控制的一个重要方面。经过批准的预算就是单位的规定，单位内部的各部门都必须严格履行，完不成预算将要受到处罚。预算控制也是一个系统，该系统的组织由预算编制、预算执行和预算考核等构成。

预算控制的内容可以涵盖单位经营活动的全过程，包括筹资、融资、采购、生产、销售、投资、管理诸多方面，也可以就某些方面实行预算控制。

预算的执行层由各预算单位组织实施，并辅之以对等的“权、责、利”关系，由内部审计部门负责监督预算的执行，通过预算的编制和实施，检查预算的执行情况，比较分析内部各单位未完成预算的原因，并对未完成预算的不良后果采取改进措施。

7. 风险控制

企业所面临的风险按形成的原因一般可分为经营风险和财务风险两大类。

经营风险是指因生产经营方面的原因给企业盈利带来的不确定性，比如由于原材料供应地的政治经济情况变化等带来的供应方面的风险，新产品、新技术开发试验不成功，生产组织不合理等因素带来的生产方面的风险，销售决策失误等带来的销售方面的风险，此外，还有劳动力市场供求关系变化、自然环境变化、税收调整以及其他宏观经济政策的变化等因素，也会直接或间接地影响企业正常经营活动。经营风险多数情况来源于企业外部，尽管如此，企业仍应采取有效的内控措施加以防范。

财务风险又称筹资风险，是指由于举债而给企业财务成果带来的不确定性。对财务风险的控制，关键是要保证有一个合理的资本结构，维持适当的负债水平，既要充分利用举债经营这一手段获取财务杠杆的收益来提高自有资金盈利能力，也要注意防止过度举债而引起的财务风险的加大，避免陷入财务困境。

8. 合规、合法性控制

建立和健全企业内部控制系统必须符合国家法律、财经政策、法规和财经制度的规定，每一项经济业务活动必须控制在合规、合法的范围内，例如一切会计凭证都必须由会计部门认真审核、把关，对不合规、不合法的经济业务应坚决予以揭露和制止；生产和销售的产品必须符合质量要求，不许以次充优或生产销售伪劣产品；等等，这些都是合规、合法性控制。

5.2 内部控制的描述方法

——了解内部控制后，应如何描述？

cfo 要求你懂得

用文字描述内部控制情况——文字表述法
用问卷描述内部控制情况——调查表法
用流程图描述内部控制情况——流程图法

关键术语

文字表述法（literal expression）
调查表法（questionnaire method）
流程图法（flowchart method）

当注册会计师取得对内部控制的了解后，必须在工作底稿中记录这些信息。常用的记录方法有文字表述法、调查表法和流程图法三种，这些方法被称为内部控制的描述方法。

5.2.1 文字表述法

文字表述法，也称为文字说明法，是将被审计单位内部控制的调查结果，以简洁的文字加以叙述的方法。

文字表述法的优点主要有两方面：一是可以对调查对象做出比较深入和具体的描述；二是使用范围广泛，不受企业类型的限制。其缺点主要是对于规模较大，内部控制较为复杂的企业，用文字说明显得过于复杂，不便从总体上对内部控制系统做出全面评价。文字表述法举例如图 5-1 所示。

华信食品股份有限公司产成品收发的内部控制

2017 年 12 月

产成品仓库由赵某负责。产成品入库时，仓库会同质量检验处根据生产车间入库单的数量和等级验收产成品，并由仓库填写产成品验收入库单。验收入库单一式三联：第一联由仓库留存登记产成品卡片，第二联交销售处登记产成品明细账，第三联连同生产车间的入库单交会计处登记总账。各产成品销售部门均由专人负责签发出库单，产成品发出时由销售部门填制出库单，凭一式三联的出库单向仓库要求发出产成品。仓库发出产成品后，将第一联出库单留存登记产成品卡片，第二联交销售处登记产成品明细账，第三联交会计处登记产成品总账和明细账。

产成品的收发采用永续盘存制记录，按实际成本计价。

销售处每月编制产成品收发存月报，并报送会计处。经管产成品明细账的会计员王某根据销售处送来的收发存月报，与产成品明细账核对，并编制产成品收发汇总表。王某根据产成品明细账登记产成品总账。

评价：产成品收发的内部控制系统不够健全。产成品总账由李某登记，不相容职务未进行分离。

上述情况说明产成品收发的内部控制系统存在着明显的缺陷。

审计员：刘某

2017 年 12 月 13 日

图 5-1　文字表述法举例

5.2.2　调查表法

调查表法是指审计人员利用事先设计好的标准化格式调查表来反映被审计单位内部控制状况的方法。

调查表法的优点是主要有三方面：一是调查范围明确，问题突出，容易发现被审计单位内部控制系统中存在的缺陷和薄弱环节；二是设计合理的调查表，可广泛适用于同类型企业，从而减少审计工作量；三是调查表可由若干人分别同时回答，有助于保证调查效果。其缺点也表现在三个方面：一是反映问题不全面，仅限于被调查事项的范围；二是调查表仅要求做出“是”或“否”的回答，难以反映被审计单位事项的具体情况和存在问题的程度；三是标准格式的调查表缺乏弹性，难以适用于各类型企业。调查表法举例如表 5-1 所示。

表 5-1　调查表法举例

内部控制制度调查表

被调查单位：华信食品股份有限公司　　　　调查日期：2017 年 12 月 20 日

调查内容：材料采购业务内部控制制度

被调查人：张某、王某、刘某

调查问题	调查结果				备注
	是	否		不适用	
		较轻	较重		
1. 材料采购前是否订制材料采购计划？	√				
2. 每次采购材料的数量是否与定额一致？		√			
3. 有无材料请购审批制度？	√				
4. 材料入库是否有严格的验收制度？	√				
……					

审计负责人：刘某　审计调查人：王某

5.2.3 流程图法

流程图法是指用特定的符号和图形来描述某项业务的整个处理过程，将凭证和记录的产生、传递、检查、保存及其相互关系，用图解的形式直观地表达出来的方法。

流程图法的优点主要体现在两个方面：一是可以将各项业务活动的职责分工、授权批准和复核验证等项控制措施与功能完整地显示出来，并且形象直观地突出现有的控制点，有助于审计人员全面了解内部控制系统的运行情况，及时识别系统中的不足之处；二是便于随时根据业务控制程序的变化对流程图做出修改。其缺点主要是由于缺少文字说明，较复杂的业务不易理解，并且绘制流程图需要一定的技术，对相关人员的素质要求较高。原材料进货检验流程图法举例如图 5-2 所示。

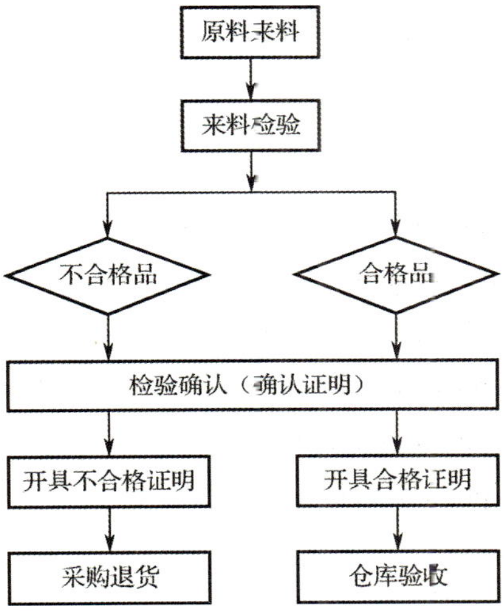

图 5-2 原材料进货检验流程图

内部控制的三种描述方法是相互依赖和补充的，在描述某单位内部控制时，可对不同业务环节使用不同的方法，也可同时使用两种或三种方法。很多情况下，多种方法结合使用，描述的效果更好。

5.3 内部控制的评价
——如何对内部控制的设计与运行情况得出结论？

cfo 要求你懂得

对哪些方面进行内部控制的评价——内部控制评价的内容

如何展开内部控制评价工作——内部控制评价的程序

关键术语

全面性原则（principle of comprehensiveness）
统一性原则（principle of unity）
独立性原则（principle of independence）
公正性原则（principle of impartiality）
重要性原则（principle of importance）
及时性原则（principle of timeliness）

内部控制评价，是指企业董事会或类似权力机构对内部控制的有效性进行全面评价，形成评价结论，出具评价报告的过程。企业应该围绕内部环境、风险评估、控制活动、信息与沟通、内部监督等要素，确定内部控制评价的内容，对内部控制设计与运行情况进行全面评价。

5.3.1 内部控制评价的原则

内部控制评价应遵循以下原则：

（1）全面性原则。评价范围应覆盖单位内部控制活动的全过程及所有的系统、部门和岗位。

（2）统一性原则。评价的准则、范围、程序和方法应保持一致，以确保评价过程的准确及评价结果的客观和可比。

（3）独立性原则。评价应由董事会或类似权力机构独立进行。

（4）公正性原则。评价应以事实为基础，以法律、法规和监管要求为准则，客观公正、实事求是。

（5）重要性原则。评价应依据风险和控制的重要性确定重点，关注重点区域和重点业务。

（6）及时性原则。评价应按照规定的时间间隔持续进行，当经营管理环境发生重大变化时，应及时重新评价。

5.3.2 内部控制评价的内容

1. 内部控制评价的主要内容

内部控制评价应紧紧围绕内部环境、风险评估、控制活动、信息与沟通和内部监督五要素进行。

（1）内部环境评价。企业组织开展内部环境评价，应当以组织架构、发展战略、人力资源、企业文化和社会责任等应用指引为依据。其中，组织架构评价可以重点从组织架构的设计和运行等方面进行；发展战略评价可以重点从发展战略的制定合理性、有效实施和适当调整三方面进行；人力资源评价应当重点从企业人力资源引进结构合理性、开发机制和激励约束机制等方面进行；企业文化评价应从建设和评估两方面进行；社会责任可以从安全生产、产品质量、环境保护、资源节约、促进就业和员工权益保护等方面进行。

（2）风险评估评价。企业组织开展风险评估评价，应当以《企业内部控制基本规范》有关风险评估的要求，以及各项应用指引中所列主要风险为依据，结合本企业的内部控制制度，对日常经营管理过程中的目标设定、风险识别、风险分析和应对策略等进行认定和评价。

（3）控制活动评价。企业组织开展控制活动评价，应当以《企业内部控制基本规范》和各项应用指引中的控制措施为依据，结合本企业的内部控制制度，对相关控制措施的设计和运行情况进行认定和评价。

（4）信息与沟通评价。企业组织开展信息与沟通评价，应当以内部信息传递、财务报告和信息系统等相关指引为依据，结合本企业的内部控制制度，对信息收集、处理和传递的及时性，反舞弊机制的健全性，财务报告的真实性，信息系统的安全性，以及利用信息系统实施内部控制的有效性进行认定和评价。

（5）内部监督评价。企业组织开展内部监督评价，应当以《企业内部控制基本规范》有关内部监督的要求，以及各项应用指引中有关日常管控的规定为依据，结合本企业的内部控制制度，对于内部监督机制的有效性进行认定和评价，重点关注监事会、审计委员会和内部审计机构等是否在内部控制设计和运行中有效发挥监督作用。

提示

具体的评价内容确定之后，内部控制评价工作应形成工作底稿，详细记录企业执行评价工作的内容，包括评价要素、评价指标、评价标准、评价测试的方法，同时还包括主要风险点、采取的控制措施、有关证据资料以及认定结果。工作底稿可以是通过一系列评价表格加以实现，通过对每个要素核心指标的分别分解和评价，最终汇总出评价结果。

2. 内部控制评价的基本程序

内部控制评价程序一般包括：设置内部控制评价部门、制定评价工作方案、组成评价工作组、实施现场测试、汇总评价结果和编报评价报告等环节。

（1）设置内部控制评价部门。企业可以授权内部审计部门或专门机构（以下简称内部控制评价部门）负责内部控制评价的具体组织实施工作。

（2）制定评价工作方案。内部控制评价部门应当根据企业实际情况和管理要求，分析企业经营管理过程中的高风险领域和重要业务事项，制定科学合理的评价工作方案，报送董事会或其授权机构审批后实施。评价工作方案应当明确评价主体范围、工作任务、人员组织、进度安排和费用预算等相关内容。

（3）组成评价工作组。由内部控制评价工作组具体实施内部控制评价工作。评价工作组应当吸收企业内部相关机构熟悉情况的业务骨干参加，评价工作组成员对本部门的内部控制评价工作应当实行回避制度，企业也可以委托中介机构实施内部控制评价，为企业提供内部控制审计服务的会计师事务所，不得同时为同一企业提供内部控制评价服务。

（4）实施现场测试。评价工作组根据评价工作方案确定的内部控制评价范围，入驻被评价单位实施现场测试。现场测试的一般步骤为：了解被评价单位基本情况；确定检查评价范围和重点；开展现场检查测试；编制现场评价报告；提交现场评价结论。

（5）汇总评价结果。内部控制评价部门汇总各评价工作组的评价结果。对于认定的内部控制缺陷，内部控制评价部门应当提出整改建议，要求责任单位及时整改并跟踪其整改落实情况；已经造成损失或负面影响的，企业应当追究相关人员的责任。

（6）编报评价报告。内部控制评价部门以汇总的评价结果和认定的内部控制缺陷为基础，综合内部控制工作整体情况，客观、公正、完整地编制内部控制评价报告并报送企业经理层、董事会和监事会，由董事会最终审定后对外披露或以其他形式加以合理利用。

提示

企业应当以12月31日作为年度内部控制评价报告的基准日，内部控制评价报告应于基准日后4个月内报出。

6 审计证据与审计工作底稿

为得出客观的审计结论，需获取相关的信息，并进行记录

CFO 导语

开展审计工作时，应该知道：

1. 怎么理解审计证据和审计工作底稿？
2. 审计证据的特征是什么？如何对审计证据进行分类？
3. 如何获取和鉴定审计证据？
4. 审计工作底稿包括哪些内容？如何进行编制、复核和归档？

本项目架构

- 审计证据
  - 审计工作底稿

6.1 审计证据

——为得出客观公正的审计结论，需要获取哪些信息？

6-1

cfo 要求你懂得

形成审计意见作用的所有信息——审计证据

获取审计证据是审计工作的主要内容——审计证据的获取

如何知道审计证据是否可靠——审计证据的鉴定

关键术语

审计证据（audit evidence）
实物证据（physical evidence）
书面证据（written evidence）
口头证据（oral evidence）
环境证据（environmental evidence）
内部证据（internal evidence）
外部证据（external evidence）
亲历证据（experience evidence）
直接证据（direct evidence）
间接证据（circumstantial evidence）
检查（inspect）
观察（observation）
询问（inquiry）
积极式函证（positive confirmation）
消极式函证（negative confirmation）
重新计算（recalculation）
重新执行（re-execute）
分析程序（analysis program）

6.1.1 审计证据的概念

依据会计记录编制财务报表是被审计单位管理层的责任，注册会计师应当测试会计记录以获取审计证据。

审计证据是指注册会计师为了得出审计结论和形成审计意见时使用的所有信息。审计证据包括构成财务报表基础的会计记录所含有的信息和可用作审计证据的其他信息。

1. 构成财务报表编制基础的会计记录中含有的信息

依据会计记录编制财务报表是被审计单位管理层的责任，注册会计师应当测试会计记录以获取审计证据。会计记录主要包括原始凭证、记账凭证、总分类账和明细分类账，未在记账凭证中反映的对财务报表的其他调整，以及支持成本分配、计算、调节、披露的手工计算表和电子数据表。上述会计记录是编制财务报表的基础，构成注册会计师执行财务报表审计业务所需获取的审计证据的重要部分。

2. 可用作审计证据的其他信息

其他信息的范围很广，可用作审计证据的其他信息包括：

① 注册会计师从被审计单位内部或外部获取的会计记录以外的信息，如被审计单位会议记录、内部控制手册、询证函的回函、分析师的报告与竞争者的比较数据。

② 注册会计师通过询问、观察和检查等审计程序获取的信息，如通过检查存货获取存货存在性的证据。

③ 注册会计师自身编制或获取的可以通过合理推断得出结论的信息，如注册会计师编制的各种计算表和分析表。

收集、鉴定和综合审计证据，是审计工作的核心。

6.1.2 审计证据的特征和分类

1. 审计证据的特征

注册会计师应当获取充分、适当的审计证据，以得出合理的审计结论，作为形成审计意见的基础。审计证据的特征主要表现在充分性和适当性两方面。

（1）充分性。充分性是对审计证据数量的衡量，它是指审计证据的数量能足以支持注册会计师的审计意见。因此它是注册会计师为形成审计意见所需审计证据的最低数量要求，与注册会计师确定的样本量有关。

为得出客观公正的审计意见，必须有足够数量的审计证据，但考虑到审计工作的效率和效益，审计证据的数量并非越多越好，审计人员通常把需要足够数量审计证据的范围降到最低限度。

充分性主要针对审计证据的数量是否足够。审计人员判断审计证据是否充分时，主要考虑以下因素：

① 具体审计项目的重要性。越是重要的审计项目，注册会计师就越需获取充分的审计证据以支持其审计结论或意见；对于不太重要的审计项目，审计人员可相应减少审计证据的数量。

② 审计风险大小。一般来说，在可接受的审计风险水平一定的情况下，重大错报风险越高，审计人员就应实施较多的测试工作，收集更多的审计证据，将检查风险降至可接受水平，以保证审计风险控制在可接受的低水平范围内；反之，重大错报风险越低，所需收集的证据的数量就越少。

③ 审计证据的类型与获取途径。如果审计证据的质量较高，可靠性较强，审计人员所需获取的审计证据的数量就可相对减少；反之，审计证据的数量就应增加。

④ 审计人员的审计经验。丰富的审计经验，可使审计人员从较少的审计证据中判断出被审事项是否存在错误或舞弊的行为，可减少对审计证据数量的依赖程度。相反，当审计人员缺乏审计经验时，就应增加审计证据的数量。

（2）适当性。适当性是对审计证据质量的衡量，即审计证据在支持各类交易、账户余额和列报（包括披露）的相关认定，或发现其中存在错报方面具有相关性和可靠性。相关性是指审计证据与审计目标相关联；可靠性是指审计证据能如实地反映实际情况。

① 相关性。相关性只能结合具体审计目标来考虑。在确定审计证据的相关性时，注册会计师通常考虑：

特定的审计程序可能只为某些认定提供相关的审计证据，而与其他认定无关，例如通过对应收账款函证获取应收账款询证函的回函，可以证明应收账款的存在， 但是不能证明应收账款的完整性。

针对同一项认定可以获取不同来源或不同性质的审计证据。例如，为证明应收账款的存在可以通过函证，但是当函证无法实施时，也可以执行检查文件和记录。

只与某项认定相关的审计证据并不能替代与其他认定相关的审计证据。例如，有关存货实物存在的审计证据并不能替代与存货计价相关的审计证据。

② 可靠性。可靠性是指审计证据的可信程度，主要受审计证据的来源和性质影响。 审计人员通常按照下列原则考虑审计证据的可靠性：

a. 从外部独立来源获取的审计证据比从其他来源获取的审计证据可靠。从外部独立来源获取的审计证据由完全独立于被审计单位以外的机构或人员提供，没有经过被审计单位人员之手，减少了被伪造和篡改的可能性，因而较可靠。例如，从银行、律师或顾客那里取得的外部证据，一般认为比从被审计单位获取的会计记录更可靠。

b. 内部控制有效时内部生成的审计证据比内部控制薄弱时内部生成的审计证据可靠。被审计单位内部控制健全且一贯遵循，所生成的会计记录等可信赖程度较强；而内部控制薄弱时所生成的会计记录可信赖程度较低。例如，如果与销售业务相关的内部控制有效，审计人员就能从销售发票和发货单中取得比控制不健全时更加可靠的证据。

c. 直接获取的审计证据比间接获取或推论得出的审计证据更可靠。例如，审计人员通过观察某项控制的运行得到的证据比询问被审计单位某项内部控制的运行得到的证据更可靠。间接获取的审计证据，有被涂改及伪造的可能性，可靠性会受到影响。

d. 以文件和记录形式（无论是纸质、电子或其他介质）存在的审计证据比口头形式的审计证据更可靠；从原件获取的审计证据比从传真或复印件获取的审计证据更可靠；客观证据比需要经过大量主观判断才能确定其是否正确的证据更可靠。

e. 不同来源或不同性质的审计证据能够相互印证时，审计证据更可靠；反之，若通过某一来源所获取的证据与通过其他来源所获取的证据相互印证时不一致，或者不同性质的证据相互矛盾时，该证据就不值得信任，审计人员需进一步审计。

审计证据的适当性会影响其充分性。一般而言，审计证据的适当性越强，即相关与可靠程度越高，则所需审计证据的数量就可减少；反之，审计证据的数量就要相应增加。例如，被审计单位内部控制健全时生成的审计证据更可靠，注册会计师只需获取适量的审计证据，就可以为发表审计意见提供合理的基础。

需要注意的是，如果审计证据的质量存在缺陷，那么审计人员仅靠增加审计证据的数量可能无法弥补其质量上的缺陷。例如，注册会计师应当获取与销售收入完整性相关的证据，实际获取到的却是有关销售收入真实性的证据，审计证据与完整性目标不相关，即使获取的证据再多，也证明不了收入的完整性。

对于审计证据来说，充分性和适当性两者缺一不可，只有充分且适当的审计证据才是有证明力的，才能为审计人员最终得出恰当的审计意见提供有效保证。

【例 6-1】 注册会计师孙某在对华信食品股份有限公司 2017 年度财务报表进行审计时，收集到以下几组审计证据，分析每组证据中哪项审计证据较为可靠：

（1）银行询证函回函与银行对账单。

（2）收料单与购货发票。

（3）销货发票副本与产品出库单。

（4）领料单与材料成本计算表。

（5）存货盘点表与存货监盘记录。

分析：

（1）银行询证函回函与银行对账单：银行询证函回函比银行对账单可靠。因为银行询证函回函是注册会计师直接获取的，未经公司有关职员之手，而银行对账单经过公司有关职员之手，便存在伪造或涂改的可能性。

（2）收料单与购货发票：购货发票比收料单可靠。因为购货发票来自公司以外的机构或人员，而收料单是公司自行编制的。

（3）销货发票副本与产品出库单：销货发票副本比产品出库单可靠。因为销货发票是在外部流转的，并获得公司以外的机构或个人的承认，而产品出库单只在公司内部流转。

（4）领料单与材料成本计算表：领料单比材料成本计算表可靠。因为领料单预先被连续编号，并且经过公司不同部门人员的审核，而材料成本计算表只在公司的会计部门内部流转。

（5）存货盘点表与存货监盘记录：存货监盘记录比存货盘点表可靠。因为存货监盘记录是注册会计师自行编制的，而存货盘点表是公司提供的。

2. 审计证据的分类

审计证据可按照不同的标准进行分类，通常会根据审计证据的表现形式、来源、审计证据、审计事项的相关程度进行分类。

（1）按照审计证据的表现形式进行分类。按照表现形式进行分类是对审计证据的基本分类，主要包括实物证据、书面证据、口头证据和环境证据。

① 实物证据。实物证据是指通过检查有形资产或观察等手段取得的，用以确定某些实物资产是否确实存在的证据，比如通过对库存现金、存货和固定资产的监盘，可以取得这些资产的实物证据，以证实它们是否确实存在。

实物证据通常被认为是最可靠的证据，具有很强的证明力，但是实物证据并不能完全证明被审计单位对实物资产拥有所有权，另外对实物资产的质量情况有时也难以判断。因此对于取得实物证据的账面资产，还应就其所有权归属及其价值情况另行审计。

现金盘点表、存货监盘记录和新增固定资产账实核对相关记录等都属于实物证据。

② 书面证据。书面证据是指以书面文件形式存在的一类证据。书面证据是审计证据的主要组成部分，也被称为基本证据。

书面证据包括与审计相关的各种原始凭证、会计记录、会议记录、各种合同和报告函件。书面证据的来源比较广泛，有由被审计单位以外的单位所提供，且直接送交审计人员的书面证据，如询证函；有由被审计单位以外的单位提供，但未被审计单位所持有的书面证据，如购买发票和银行对账单；有由被审计单位自行编制并持有的书面证据，如成本计算表和入库单等；有由相关专家提供的书面证据，如质量鉴定表；有由审计人员自行完成的审计证据，如会计分录调整表。

③ 口头证据。口头证据是指由被询问人员的口头回答所形成的一类证据。一般而言，口头证据本身并不足以证明事情的真相，但审计人员可以根据口头证据挖掘出一些重要线索，有利于进一步的调查。

在审计过程中，审计人员还应把各种重要的口头证据尽快做成记录，并注明是何人、何时、在何种情况下所做的口头陈述，必要时还应获得被询问者的签名确认。

④ 环境证据。环境证据是指那些对被审计单位产生影响的各种环境事件。它主要包括被审计单位的内部控制情况、被审计单位管理人员的素质、各种管理条件和管理水平。例如，当注册会计师获知被审计单位有着良好的内部控制制度，并且管理水平较高时，就可以认为被审计单位现行的内部控制制度为会计报表项目的真实性提供了强有力的环境证据。

环境证据一般不属于主要的审计证据，但它可帮助注册会计师了解被审计单位及其经济活动所处的环境，是注册会计师进一步审计所必须掌握的资料。

【例 6-2】某会计师事务所项目小组对华信食品股份有限公司进行审计时：

（1）与华信食品股份有限公司相关人员座谈，了解华信食品股份有限公司相关会计政策和管理情况。

（2）审阅华信食品股份有限公司的会计凭证和账簿等财务资料。

（3）监盘存货，进行账实核对。

（4）将获取的数据重新计算，分析查证资金管理情况。

如果按审计证据的表现形式分类的话，上述审计行为分别获取哪类审计证据？

分析：

（1）口头证据和环境证据：因为是通过座谈，口头回答形成的证据，并且该证据的内容是关于企业的内部控制方面的情况。

（2）书面证据：因为财务资料是以书面文件形式存在的证据。

（3）实物证据：因为是通过检查实物资产获取的证据。

（4）书面证据：因为审计人员编制的计算表是以书面文件形式存在的证据。

（2）按照审计证据取得的来源进行分类。审计证据按来源可以分为外部证据、内部证据和亲历证据。

① 内部证据。内部证据是指审计人员从被审计单位内部取得的证据。它主要包括被审计单位的会计记录、管理当局声明书，以及其他各种由被审计单位编制和提供的有关书面文件。

② 外部证据。外部证据是指审计人员从被审计单位以外的有关单位取得的证据。外部证据主要包括：

a. 由被审计单位以外的机构或人员编制，并由其直接递交给注册会计师的外部证据。例如，应收账款函证回函，保险公司、寄售公司和证券经纪人的证明，此类证据不仅由完全独立于被审计单位的外界机构或人员提供，而且未经被审计单位有关职员之手，从而排除了伪造、更改凭证或业务记录的可能性，其证明力最强。

b. 由被审计单位以外的机构或人员编制，但为被审计单位持有并提交给审计人员的书面证据，例如银行对账单、购货发票、应收票据、顾客订购单、有关的契约及合同，由于此类证据已经过被审计单位有关职员之手，在评价其可靠性时，注册会计师应考虑被涂改或伪造的难易程度及其已被涂改的可能性。

③ 亲历证据。亲历证据是审计人员通过观察或亲自在被审计单位执行某些活动而取得的证据，如审计人员监盘存货形成的监盘表、自己动手编制的各种计算表和分析表。这类证据的可信程度取决于审计人员观察误差的风险大小。

一般来说，亲历证据最可靠，证明力最强，而外部证据比内部证据更加可靠、证明力更强。

（3）按照审计证据与审计事项的相关程度分类。按照审计证据与审计事项的相关程度分类，审计证据分为直接证据和间接证据。

① 直接证据。直接证据是指对审计事项具有直接证明力，能单独、直接地证明审计事项真相的资料和事实，比如通过函证方式验证应收账款余额，所获取的证据可以证明应收账款余额是否正确，该证据就属于直接证据。审计人员亲自监督实物和现金盘点情况下的盘点实物和现金的记录，就是证明实物和现金实存数的直接证据。

② 间接证据。间接证据是指对审计事项只起间接证明作用，需要与其他证据结合起来，经过分析、判断及核实才能证明审计事项真相的资料和事实，如环境证据就是间接证据，无法直接说明某一报表项目是否正确；各种原始凭证和记账凭证也属于间接证据，它们无法直接说明某一报表项目是否正确。

提示

直接证据和间接证据是相对的，比如凭证对于财务报表是间接证据，但对于会计账簿则是直接证据。在审计工作中，单凭直接证据就能直接影响审计人员的意见和结论的情况并不多见。一般情况下，在直接证据以外，往往需要一系列的间接证据才能对审计事项做出完整的结论。

3. 审计证据的获取

审计的主要工作是通过实质性测试来收集和整理审计证据的，以此作为审计人员对被审计单位财务报表发表审计意见的基础。因此，获取审计证据是审计工作的主要内容。审计准则中明确规定，获取审计证据的程序包括七项：检查、观察、询问、函证、重新计算、重新执行、分析程序。

（1）检查。检查是指审计人员对被审计单位内部或外部生成的，以纸质、电子或其他介质形式存在的记录和文件进行审查，或对资产进行实物审查。可知，检查的内容包括两方面：一是对记录和文件进行的检查，例如被审计单位通常对每一笔销售交易都保留一份顾客订单、一张发货单和一份销售发票副本，这些凭证对于审计人员验证被审计单位记录的销售交易的正确性是有用的证据；二是对有形资产进行检查，对有形资产检查通常采用监盘的方法。

（2）观察。观察是指审计人员察看被审计人员正在从事的活动或执行的程序。常用于对生产经营管理、财产物资保管和内部控制系统的遵守执行、资源的利用、劳动效率与工作纪律等情况的观察。

审计人员通过观察可以获得较为可信的审计证据，但是也应注意，观察获取的审计证据仅限于观察发生的时点，而且被观察人员的行为可能因被观察而受到影响，这也会使观察提供的审计证据受到限制。

（3）询问。询问是指审计人员以书面或口头方式，向被审计单位内部或外部的知情人员获取财务信息和非财务信息，并对答复进行评价的过程。口头询问时，审计人员应作书面记录，并要求被询问人员签字作证。

询问本身不足以发现认定层次的重大错报，也不足以测试内部控制运行的有效性，审计人员还应当实施其他审计程序以获取充分、适当的审计证据。

（4）函证。函证是指审计人员直接从第三方（被询证者）获取书面答复以作为审计证据的过程，书面答复可以采用纸质、电子或其他介质等形式。例如，对应收账款或银行存款进行函证，了解应收账款和银行存款的余额以及交易情况。

函证方式分为积极的函证方式和消极的函证方式。

① 积极式函证，又称肯定式函证，就是向债务人发出询证函，要求其证实所函证的欠款是否正确，无论所函证的款项是否相符都要求复函。

积极式询证函（应收账款）参考格式如图 6-1 所示。

企业询证函

______________（公司）：　　　　　　　　　　　　　　　　　编号：

本公司聘请的 ×× 会计师事务所正在对贵公司 ×× 年度财务报表进行审计。按照《中国注册会计师审计准则》的要求，应当询证本公司与贵公司的往来账项等事项。下列数据出自本公司账簿记录，如与贵公司记录相符，请在本函下端“信息证明无误”处签章证明；如有不符请在“信息不符”处列明不符金额。回函请直接寄至 ×× 会计师事务所。

回函地址：

邮编：　　　　电话：　　　　传真：　　　　联系人：

1. 本公司与贵公司的往来账项列示如下：

截止日期	贵公司欠	欠贵公司	备注

2. 其他事项

本函仅为复核账目之用，并非催款结算。若款项在上述日期之后已经付清，仍请及时复函为盼

（公司盖章）
年　月　日

结论：1. 信息证明无误。

（公司盖章）
年　月　日
经办人：

2. 信息不符，请列明不符的详细情况：

（公司盖章）
年　月　日
经办人：

图 6-1　积极式询证函（应收账款）参考格式图

② 消极式函证，又称否定式函证，是指向债务人发出询证函。如果函证的款项相符，则不必复函，只有在所函证的款项不符时才要求债务人向审计人员复函。

消极式询证函（应收账款）参考格式如图 6-2 所示。

企业询证函

______________（公司）：　　　　　　　　　　　　　　　　　编号：

本公司聘请的 ×× 会计师事务所正在对贵公司 ×× 年度财务报表进行审计。按照《中国注册会计师审计准则》的要求，应当询证本公司与贵公司的往来账项等事项。下列数据出自本公司账簿记录，如与贵公司记录相符，则无须回复；如有不符，请直接通知会计师事务所，并请在空白处列明贵公司认为不正确的信息。回函请直接寄至 ×× 会计师事务所。

回函地址：

邮编：　　　　电话：　　　　传真：　　　　联系人：

1. 本公司与贵公司的往来账项列示如下：

截止日期	贵公司欠	欠贵公司	备注

2. 其他事项

本函仅为复核账目之用，并非催款结算。若款项在上述日期之后已经付清，仍请及时复函为盼

（公司盖章）
年　月　日

×× 会计师事务所：

上面信息不正确，差异如下：

（公司盖章）
年　月　日
经办人：

图 6-2　消极式询证函（应收账款）参考格式图

为充分发挥函证的作用，审计人员通常选择资产负债表日接近的时间进行函证。

注册会计师应直接控制询证函的发送和回收。将被询证者的名称、单位名称和地址与被审计单位有关记录核对；将询证函中列示的账户余额或其他信息与被审计单位有关资料核对；在询证函中指明直接向接受审计业务委托的会计师事务所回函，如果被询证者以传真、电子邮件等方式回函，注册会计师应当直接接收，并要求被询证者寄回询证函原件。询证函经被审计单位盖章后，由注册会计师直接发出，并将发出询证函和收到回函的情况形成审计工作记录。

如果采用积极的函证方式实施函证而未能收到回函，审计人员应发出第二封甚至第三封询证函，如果仍然得不到答复，应考虑采用必要的替代审计程序。

函证要求对方将书面答复签章后直接寄送给审计人员，可靠性较高。因此，函证是审计人员常用的一种重要程序。

（5）重新计算。重新计算是指审计人员对记录或文件中的数据计算的准确性进行核对。重新计算可通过手工方式或电子方式进行。重新计算不仅包括对被审计的会计凭证、会计账簿和财务报表中有关数字的验算，而且包括对会计资料中有关项目的加总或其他运算，比如计算销售发票和存货的总金额、加总日记账和明细账，检查折旧费用的计算，检查应纳税额的计算。

（6）重新执行。重新执行是指审计人员独立执行原本作为被审计单位内部控制组成部分的程序或控制，比如注册会计师按照被审计单位相关内部控制制度的规定，重新编制银行存款余额调节表，来验证相应内部控制是否有效运行。

（7）分析程序。分析程序是指注册会计师通过分析不同财务数据之间以及财务数据与非财务数据之间的内在关系，对财务信息做出评价，比如将被审计单位的应收账款周转率与同行数据比较，将工资总额与工人总数相比较。

实施分析程序的目的包括：

① 用作风险评估程序。在实施风险评估程序时，注册会计师应当运用分析程序，以了解被审计单位及其环境。分析程序可以帮助注册会计师发现财务报表项目的异常变化或者预期发生而未发生的变化，识别存在潜在重大错报风险的领域。

② 用作实质性程序。用作实质性程序的分析程序称为实质性分析程序。实质性分析程序的运用包括下列几个步骤：识别需要运用分析程序的账户余额或交易；确定期望值；确定可接受的差异额；识别需要进一步调查的差异；调查异常数据关系；评估分析程序的结果。

③ 用于总体复核。在审计结束或临近结束时，注册会计师应当运用分析程序对财务报表进行总体复核，以确定财务报表整体是否与其对被审计单位的了解一致。如果识别出以前未识别的重大错报风险，注册会计师应当重新考虑对全部或部分各类交易、账户余额和列报评估的风险，并在此基础上重新评价之前的审计程序是否充分，是否有必要追加审计程序。

分析程序主要适用如下情形：

a. 分析不同财务数据之间的内在关系，对财务信息做出评价。

b. 分析财务数据与非财务数据之间的内在关系，对财务信息做出评价。

c. 分析已识别出的与其他相关信息不一致，或与预期值差异重大的波动或关系进行调查。

4. 审计证据的鉴定

注册会计师应当保持职业怀疑态度，运用职业判断，对审计证据的强弱做出鉴定。这里的职业怀疑态度是指注册会计师以质疑的思维方式，评价所获取审计证据的有效性，并对相互矛盾的审计证据，以及引起对文件记录或管理层和治理层提供信息的可靠性产生怀疑的审计证据要保持警觉。

审计证据的鉴定贯穿于审计工作的始终。从制定审计计划开始到发表审计意见，提出审计报告都离不开一个审计证据的鉴定问题。审计证据强弱主要取决于审计证据证明力的强弱，判断审计证据的证明力，主要通过以下几方面的鉴定：

（1）审计证据的真实性。审计证据的真实性，主要是指审计证据所反映的内容是对客观存在的经济活动及其变化的真实描写。

（2）审计证据的重要性。审计证据的重要性与该审计证据影响审计结论的程度有关，重要的审计证据能影响审计人员做出审计结论，不重要的审计证据不能影响审计人员做出审计结论。因此，它是审计人员决定审计证据取舍的标准。区分审计证据的重要性程度往往以金额的大小作为评价的依据，但这不是唯一因素，还应考虑审计证据本身的质量问题。

（3）审计证据的可信性。审计证据的可信性与提供证据的来源有关。审计证据的可信性通常包括两方面内容：一是审计证据的来源必须可靠；二是审计证据本身是确定可靠的。

（4）审计证据的充分性。审计证据的充分性是对审计证据数量的衡量，究竟需要多少审计证据才足够作为审计结论的依据，在很大程度上取决于审计人员的主观判断和准备承担的审计风险。

（5）审计证据的适当性。审计证据的适当性是对审计证据质量的衡量，即审计证据在支持各类交易、账户余额、列报与披露的相关认定，或发现其中存在重大错报方面具有相关性和可靠性。

除了通过对审计证据的真实性、重要性、可信性、充分性和恰当性的综合分析鉴定，判断审计证据的证明力的强弱之外，还应该考虑到审计证据的经济性。从理论上讲，为了支持审计结论，审计人员应该取得足够具有说服力的审计证据，但从另一方面讲，审计人员不得不考虑审计证据的效用、收集和鉴定这些审计证据成本之间的关系。有时往往由于考虑到收集和鉴定某些审计证据所需成本过高，审计人员不得不放弃“理想的审计证据”，而代之以不很理想但仍可使用的证据。

6.2 审计工作底稿
——在审计过程中形成的审计工作记录和获取的资料

cfo 要求你懂得

审计工作过程中的记录——审计工作底稿

审计工作底稿里应包括的资料——审计工作底稿的基本内容

审计工作底稿需要多级检查——审计工作底稿的复核

关键术语

审计工作底稿（audit working paper）

审计工作底稿包括审计人员在审计过程中形成的审计工作记录和获取的资料，是审计人员对制订的审计计划、实施的审计程序、获取的相关审计证据，以及得出的审计结论做出的记录。

审计工作底稿是审计人员将在审计工作过程中所采用的方法、步骤和收集的用来证明审计事项真实情况的经济事实和资料，按照一定格式编制的档案性原始文件。因此，审计工作底稿应当包括审计人员认为恰当实施审计和为审计报告提供依据所必需的全部信息。

6.2.1 审计工作底稿的作用

审计工作底稿是审计过程和结果的书面证明。它是审计证据的汇集，也是编写审计报告的依据。审计工作底稿在计划和执行审计工作中发挥重要的作用，主要表现在：

（1）提供充分、适当的记录，作为审计报告的基础。

（2）提供证据，证明审计人员按照审计准则的规定执行了审计工作。

（3）有助于审计项目组计划和执行审计工作，以及说明执行审计工作的情况。

（4）便于审计机构实施质量控制复核与检查，便于监管机构对审计机构实施执业质量检查。

6.2.2 审计工作底稿的基本内容

审计工作底稿通常包括总体审计策略、具体审计计划、分析表、问题备忘录、重大事项概要、询证函回函、管理层声明书、核对表和有关重大事项的往来信件（包括电子邮件），以及对被审计单位文件记录的摘要或复印件。审计工作底稿可以以纸质、电子或其他介质形式存在。

通常，审计工作底稿包括下列基本内容：

1. 被审计单位名称

注册会计师应当在审计工作底稿上注明被审计单位的名称全称，并且该名称应当是审计期间被审计单位对外公开使用的名称，如公章上的名称。例如，华信食品公司，全称为“华信食品股份有限公司”，则在对其进行审计形成的审计工作底稿注明的被审计单位名称为“华信食品股份有限公司”。

2. 审计项目名称

每一张审计工作底稿都应该将具体的审计项目名称写清楚。例如，是审查销售收入还是对固定资产实施审计。

3. 审计项目时点或期间

审计工作底稿上应该记录审计工作的时间，对于资产负债表项目应注明发生的时点，而对于利润表项目则应该注明发生的期间。

4. 审计过程记录

在记录审计过程时，应当特别注意以下几个方面：

（1）具体项目或事项的识别特征。在记录实施审计程序的性质、时间安排和范围时，审计人员应当记录测试的具体项目或事项的识别特征。识别特征是指被测试的项目或事项表现出的征象或标志，如在对被审计单位生成的订购单进行测试时，以订购单的日期或编号作为测试订购单的识别特征；询问被审计单位特定人员时，以询问的时间、被询问人的姓名及职务作为识别特征；在观察程序中，审计人员可以以观察的对象或观察过程，相关被观察人员及其各自的责任，以及观察的地点和时间作为识别特征。

（2）重大事项。审计人员应当根据具体情况判断某一事项是否属于重大事项。重大事项通常包括：引起特别风险的事项；实施审计程序的结果，该结果表明财务信息可能存在重大错报，或需要修正以前对重大错报风险的评估和针对这些风险拟采取的应对措施；导致审计人员难以实施必要审计程序的情形；导致出具非标准审计报告的事项。

（3）针对重大事项如何处理不一致的情况。如果识别出的信息与针对某重大事项得出的最终结论不一致，审计人员应当记录如何处理不一致的情况。

5. 审计结论

审计工作的每一部分都应包含与已实施审计程序的结果及其是否实现既定审计目标相关的结论，还应包括审计程序识别出的例外情况和重大事项如何得到解决的结论。审计人员需要根据所实施的审计程序及获取的审计证据得出结论，并以此作为对财务报表发表审计意见的基础。

6. 审计标识及其说明

审计工作底稿中可使用各种审计标识，但应说明其含义，并保持前后一致。以下是审计人员在审计工作底稿中列明标识并说明其含义的例子，供参考。

︿：纵加核对

<：横加核对

B：与上年结转数核对一致

T：与原始凭证核对一致

G：与总分类账核对一致

S：与明细账核对一致

T/B：与试算平衡表核对一致

C：已发询证函

C\：已收回询证函

在实务中，审计人员也可以依据实际情况运用更多的审计标识。

7. 索引号及页次

审计工作底稿需要注明索引号及顺序编号，相关审计工作底稿之间需要保持清晰的勾稽关系。通常，审计人员可以按照所记录的审计工作的内容层次进行编号，例如固定资产汇总表的编号为C 1。按类别列示的固定资产明细表的编号为C 1-1，房屋建筑物的编号为C 1-1-1，机器设备的编号为C 1-1-2，运输工具的编号为C 1-1-3，其他设备的编号为C 1-1-4。相互引用时，需要在审计工作底稿中交叉注明索引号。

8. 编制人员及复核人员的姓名及编制日期

为了明确审计责任和便于查阅有关事项，审计工作底稿上应该写明编制人员的姓名以及编制工作底稿的日期，另外，由于审计工作底稿需要复核，因此复核人员也应该签名并且写明复核日期，如果是多级复核应该分别签名。

9. 其他应说明事项

审计工作底稿示例如表 6-1 所示。

表 6-1 审计工作底稿示例

货币资金审计程序表

被审计单位名称 ____________ 索引号 I-000 页次 ________

审计项目名称 货币资金 执行人 ______ 日期 ________

会计报表截止日 ____________ 复核人 ______ 日期 ________

是否属于评估的重大错报风险相关科目：是（ √ ）否（ ）

审计程序	适用与否	工作底稿索引号
一、审计目标		
1. 确定货币资金是否存在		
2. 确定货币资金的收支记录是否完整		
3. 确定库存现金、银行存款以及其他货币资金的余额是否正确		
4. 确定货币资金的披露是否恰当		
二、审计程序		
（一）分析程序		
1. 根据被审计单位融资政策等复核现金和银行存款余额		
……		
（二）细节测试		
1. 核对现金日记账、银行存款日记账与总账的余额是否相符		
……		

6.2.3 审计工作底稿的编制要求

在我国，编制审计工作底稿的文字应当使用中文，少数民族自治地区可以同时使用少数民族文字。

1. 审计工作底稿的编制要求

（1）总体要求。审计人员编制的审计工作底稿，应当使得未曾接触该项审计工作有经验的专业人士清楚审计程序、审计证据与审计结论三个方面的内容，具体地说：

① 按照审计准则和相关法律、法规的规定实施的审计程序的性质、时间安排和范围。

② 实施审计程序的结果和获取的审计证据。

③ 审计中遇到的重大事项和得出的结论，以及在得出结论时做出的重大职业判断。

（2）具体要求。审计工作底稿作为审计人员在整个审计过程中形成的审计工作记录资料，在编制上应满足以下要求：

① 资料翔实。即记录在审计工作底稿上的各类资料来源要真实可靠，内容完整。

② 重点突出。即审计工作底稿应力求反映对审计结论有重大影响的内容。

③ 繁简得当。即审计工作底稿应当根据记录内容的不同，对重要内容详细记录，对一般内容简单记录。

④ 结论明确。即按审计程序对审计项目实施审计后，审计人员应在审计工作底稿中对该审

计项目明确表达其最终的专业判断意见。

⑤ 要素齐全。即构成审计工作底稿的基本内容应全部包括在内。

⑥ 格式规范。即审计工作底稿所采用的格式应规范和简洁。

⑦ 标识一致。即审计符号的含义应前后一致，并明确反映在审计工作底稿上。

⑧ 记录清晰。即审计工作底稿上记录的内容要连贯，文字要端正，计算要准确。

2. 审计工作底稿的编制原则

为了保证审计人员编制的工作底稿符合审计业务要求，在编制审计工作底稿时应遵循如下原则：

（1）完整性原则。审计人员对已经收集的被审计单位概况资料、经济业务情况、内部控制系统及会计记录，连同自己制订的审计计划和审计程序，都必须逐项编入审计工作底稿。每份审计工作底稿的内容也必须完整。

（2）重要性原则。审计人员在编制审计工作底稿时，应首先注重所有的重要资料，对于可以用来证实会计记录的合法性和公允性，支持审计报告所载事项的各项资料也都必须列入审计工作底稿，而对不重要的以及与审计事项没有必然联系的各种资料则可舍弃。

（3）真实性与相关性原则。审计人员在编制审计工作底稿时，必须将已确认为真实和客观的审计工作底稿，根据与审计结论和意见相关联的原则，作为支持审计结论和发表审计意见的主要依据。

（4）责任明确原则。审计工作底稿必须由审计人员和制表人签名盖章，并由审计项目负责人审批核实，以明确各自的责任。另外，审计人员有不向被审计单位和外单位泄露审计工作底稿的责任。

6.2.4 审计工作底稿的复核与归档

1. 审计工作底稿的复核

审计工作底稿编制完成后需要进行复核。因为复核可以减少或消除人为的审计误差，以降低审计风险，提高审计质量，并且可以及时发现和解决问题，保证审计计划顺利执行。

对审计工作底稿的复核遵循三级复核制度。所谓的三级复核制度，是指审计工作底稿应由项目经理、部门经理和审计机构的主任会计师或专职的复核机构或复核人员对审计工作底稿进行逐级复核的一种复核制度。

第一级复核是项目经理（或者项目负责人）的复核，称为详细复核。它要求项目经理对下属审计助理人员形成的审计工作底稿逐张复核，发现问题及时指出，并督促审计人员及时修改与完善。

第二级复核是部门经理（或者是签字注册会计师）的复核，称为一般复核。它是在项目经理完成了详细复核之后，再对审计工作底稿中重要会计账项的审计和重要审计程序的执行及审计调整事项进行复核。部门经理复核是对项目经理复核的一种再监督，也是对重要审计事项的重点把握。

第三级复核是主任会计师（或者合伙人）的复核，是最后一级复核，又称为重点复核。它是对审计过程中的重大会计、审计问题，重大审计调整事项及其重要的审计工作底稿进行的复核。主任会计师复核既是对前面两级复核的再监督，也是对整个审计工作的计划、进度和质量的重点把握。

一般说来，复核时应做好以下工作：

（1）做好复核记录，对审计工作底稿中存在的问题和疑点要明确指出，并以文字记录于审计工作底稿中。

（2）复核人签名和签署日期，这样有利于划清审计责任，也有利于上级复核人对下级复核人的监督。

（3）书面表示复核意见。

（4）督促编制人员及时修改和完善审计工作底稿。

2. 审计工作底稿的归档

（1）审计工作底稿归档的期限。审计工作底稿形成后，可以按照审计循环或会计报表项目，以及审计工作底稿的使用期限长短先行分类，再标上相应的标识号和页次后，分别存档。

审计工作底稿的归档期限为审计报告日后 60 天内。如果审计人员未能完成审计业务，审计工作底稿的归档期限为审计业务中止后的 60 天内。

（2）审计档案的分类。通常情况下，会计师事务所应将审计档案分为永久性档案和当期档案。永久性档案是指那些记录内容相对稳定，具有长期使用价值，并对以后审计工作具有重要影响和直接作用的审计档案，例如被审计单位的组织结构、批准证书、营业执照、章程、重要资产的所有权或使用权的证明文件复印件。当期档案是指那些记录内容经常变化，仅供当期审计使用和下期审计参考的审计档案，例如总体审计策略和具体审计计划、应收账款询证函的回函。

目前，一些大型国际会计师事务所不再区分永久性档案和当期档案，主要以电子形式保留审计工作底稿，但大部分事务所仍然既保留电子版又保留纸质的审计档案。

3. 审计档案的所有权和保存期限

审计档案的所有权属于接受委托进行审计的会计师事务所。

会计师事务所应当自审计报告日起，对审计工作底稿至少保存 10 年。如果注册会计师未能完成审计业务，会计师事务所应当自审计业务中止日起，对审计工作底稿至少保存 10 年。对于保管期限届满的审计档案，审计组织可以决定将其销毁。销毁时，应履行必要的手续。

归档期限和保存期限要注意区分，但是归档期限和保存期限都是以审计报告日（或审计业务中止日）为起点算起。

7 销售与收款循环审计

应对销售与收款循环中的内部控制进行控制测试，并对相关项目进行实质性测试

CFO 导语

开展审计工作时，应该知道：

1. 销售与收款循环的主要业务活动是什么？涉及哪些会计记录与凭证？

2. 销售与收款循环的内部控制应如何设计？如何进行控制测试？

3. 如何对销售与收款循环的相关项目进行实质性测试？

本项目架构

- 销售与收款循环概述
  - 销售与收款循环的内部控制和控制测试
    - 销售与收款循环主要项目审计

7.1 销售与收款循环概述

——销售与收款循环包括哪些业务活动？涉及哪些会计记录？

cfo 要求你懂得

销售和收款循环包括哪些业务活动——销售和收款循环的业务活动

销售和收款循环涉及哪些会计凭证和记录——销售和收款循环的会计凭证和记录

关键术语

销售与收款循环（sales and receivables cycle）

销售与收款循环，是从处理顾客订单开始，经过确定信用条件、装运货品和记录销售给顾客开账单等过程，再到收取并处理记录现金收入，增加坏账准备或增加其他贷项并调整项目和准备金的过程。

销售与收款循环的审计，通常可以相对独立于其他业务循环而单独进行。注册会计师在审计时需要综合考虑财务报表各项目的性质及相互关系，综合考虑审计发现的各业务循环的错报对财务报表产生的影响。因此，在单独执行销售与收款循环审计时，注册会计师应将该循环与其他循环的审计情况结合起来加以考虑。

7.1.1 销售与收款循环主要业务活动

典型的销售与收款循环所涉及的主要业务活动有以下内容：

1. 接受客户订购单

接受客户订购单是整个销售与收款循环的起点。企业在批准了客户订购单之后，下一步就应编制一式多联的销售单。

销售单是此笔销售的交易轨迹的起点之一。

2. 批准赊销信用

赊销业务的批准由信用管理部门根据管理层的赊销政策在每个客户已授权的信用额度内进行。无论是否批准赊销，都要求被授权的信用管理部门人员在销售单上签署意见，然后再将已签署意见的销售单送回销售单管理部门。

3. 按销售单供货并发运

企业管理层通常要求商品仓库只有在收到经过批准的销售单时才能供货。设立这项控制程序的目的是防止仓库在未经授权的情况下擅自发货。因此，已批准销售单的一联应送达仓库，作为仓库按销售单供货和发货给装运部门的授权依据。

装运部门职员在装运之前，必须进行独立验证，以确定从仓库提取的商品都附有经批准的销售单，并且所提取商品的内容与销售单一致。

4. 向客户开具账单

向顾客开具账单包括编制和向顾客寄送事先连续编号的销售发票。

5. 记录销售

记录销售的过程是按销售发票编制转账凭证（赊销）或现金和银行存款收款凭证（现销），再据以登记销售明细账、应收账款明细账、库存现金和银行存款日记账。

6. 办理和记录账款的收取

这项活动涉及有关货款收回，现金和银行存款的记录以及应收账款的减少。处理货币资金收入时，最重要的是保证全部货币资金如数并及时地记入现金和银行存款日记账，或应收账款明细账，如数并及时地将现金存入银行。在这方面，汇款通知单发挥着十分重要的作用。

7. 办理和记录销售退回、销售折扣与折让

客户如果对商品不满意，销售企业一般都会同意接受退货，或给予一定的销售折让；客户如果提前支付货款，销售企业则可能会给予一定的销售折扣。发生此类情况时，必须经授权批准，并应确保与办理此事有关的部门和职员各司其职，分别控制实物流和会计处理。

8. 注销坏账

销售企业若认为某项货款再也无法收回，就必须注销这笔货款。对于这些坏账，正确的处理

方法应该是获取货款无法收回的确凿证据，经适当审批后及时做会计调整。

9. 提取坏账准备

坏账准备提取的数额必须能够抵补企业以后无法收回的销货款。

7.1.2 销售与收款循环相关的会计凭证与记录

对于内部控制比较健全的企业，处理销售与收款业务通常需要使用很多单据和会计记录。典型的销售与收款循环所涉及的主要单据与会计记录有以下几种（不同被审计单位的单据名称可能不同）：

1. 客户订购单

客户订购单即客户提出的书面购货要求。企业可以通过销售人员或其他途径，如采用电话、信函和向现有的及潜在的客户发送订购单等方式接受订货，取得客户订购单。

2. 销售单

销售单是列示客户所订商品的名称、规格、数量以及其他客户订购单有关信息的凭证，作为销售方内部处理客户订购单的凭证。

3. 发运凭证

发运凭证是在发运货物时编制的，用以反映发出商品的规格、数量和其他有关内容的凭据。发运凭证的一联寄送给客户（留给客户），其余联由企业保留，通常其中有一联由客户在收到商品时签署并返还给销售方，用作销售方确认收入及向客户收取货款的依据。

4. 销售发票

销售发票是一种用来表明已销售商品的名称、规格、数量、价格、销售金额、运费、保险费、开票日期和付款条件等内容的凭证。销售发票的一联寄送给客户，其余联由企业保留，是让会计账簿中登记销售交易的基本凭据之一。

5. 商品价目表

商品价目表是列示已经授权批准的和可供销售的各种商品的价格清单。

6. 贷项通知单

贷项通知单是一种用来表示由于销售退回或经批准的折让而引起的应收销货款减少的凭证，它是由于销售过程中销售退回或经批准的折让等操作引起的。贷项通知单是减少应收账款的凭证，这种凭证的格式通常与销售发票的格式相同，只不过它是用来证明应收账款的减少。

7. 应收账款账龄分析表

应收账款账龄分析表是反映月末应收账款总额和账龄区间的单据，通常按月编制，详细反映每个客户应收账款金额和账龄。应收账款账龄分析表也是常见的计提应收账款坏账准备的重要依据之一。

8. 应收账款明细账和主营业务收入明细账

应收账款明细账是用来记录每个客户各项赊销、还款、销售退回及折让交易的明细账。

主营业务收入明细账是一种用来记录销售交易的明细账，它通常记载和反映不同类别商品或服务的营业收入的明细发生情况和总额。

9. 折扣与折让明细账

折扣与折让明细账是一种用来核算企业销售商品时，按销售合同规定为了及早收回货款而给予客户的销售折扣和因商品品种、质量等原因而给予客户的销售折让情况的明细账。企业也可以将这类业务直接记入主营业务收入明细账，而不设置折扣与折让明细账。

10. 汇款通知书

汇款通知书是一种与销售发票一起寄给顾客，由顾客在付款时再寄回销货单位的凭证。这种凭证注明顾客的姓名、销售发票号码、销货单位开户银行账号及金额等内容。如果顾客没有将汇款通知书随货款一并寄回，一般应由收受邮件的人员在拆邮件时再代编一份汇款通知书。

11. 现金日记账和银行存款日记账

现金日记账和银行存款日记账是用来记录应收账款的收回或现销收入以及其他各种现金、银行存款收入和支出的日记账。

12. 坏账核销审批表

坏账核销审批表是一种用来批准将无法收回的应收款项作为坏账予以核销的单据。

13. 客户对账单

客户对账单是一种定期寄送给客户的对于购销双方核对账目的文件。客户对账单上通常注明应收账款的期初余额、本期销售交易的金额、本期已收到的货款、贷项通知单的金额以及期末余额等内容。对账单可能是月度、季度或年度的，这取决于企业的经营管理需要。

14. 转账凭证

转账凭证是指记录转账业务的记账凭证。它是根据有关转账业务（即不涉及现金和银行存款收付的各项业务）的原始凭证编制的。企业记录赊销交易的会计凭证即为一种转账凭证。

15. 现金和银行凭证

现金和银行凭证是指分别用来记录现金和银行存款收入业务和支付业务的记账凭证。

销售与收款循环的主要凭证和会计记录一览表如表 7-1 所示。

表 7-1　销售与收款循环的主要凭证和会计记录一览表

主要业务活动	涉及的相关凭证及会计记录	相关部门
接受客户订单	客户订购单、销售单	销售管理
审批商业信用	销售单	销售管理
供货与发运	销售单、发运凭证	仓库与发货管理
向客户开具账单	销售单、发运凭证、商品价目表、销售发票	销售管理
记录销售	销售发票及附件、转账凭证、收款凭证、销售明细账、应收账款明细账、库存现金、银行存款日记账和营业收入明细账	财务
办理账款的收取	汇款通知单、收款凭证、库存现金、银行存款日记账和月末客户对账单	财务
办理和记录销货退回、销售折扣与折让	贷项通知单、折扣与折让明细账	销售管理、财务、仓库与发货管理
注销坏账	坏账审批表	销售管理、财务
提取坏账准备	—	财务

7.2 销售与收款循环的内部控制及控制测试

——销售与收款循环需要从哪些方面设计内部控制？如何进行控制测试？

7-2

cfo 要求你懂得

销售与收款循环如何设计内部控制——销售与收款循环的内部控制

如何了解销售与收款循环的内部控制——销售与收款循环的控制测试

关键术语

内部核查（internal verification）

7.2.1 销售与收款循环的内部控制

销售与收款循环的内部控制主要包括：

1. 职责分离控制

适当的职责分离有助于防止各种有意或无意的错误。一个企业销售与收款业务相关职责适当分离的基本要求包括：

（1）办理销售、发货和收款三项业务的部门（或岗位）分别设立。

（2）赊销批准职能与销售职能必须分离。

（3）企业在销售合同订立前，应当指定专门人员就销售价格、信用政策、发货及收款方式等具体事项与客户进行谈判。谈判人员至少应有两人以上，并与订立合同的人员相分离。

（4）销售人员应当避免接触销货现款及开具销售发票。

（5）坏账准备的计提与批准要相互分离，坏账的核销与批准要相互分离。

2. 授权审批控制

销售发票和发货单需经企业有关负责部门和人员审批；顾客的内销要经过授权审计；销售价格、付款条件、运费、销售退回、折让与折扣等的确定要经过适当的授权批准；对确实无法收回的应收账款，按规定程序批准后，方可作为坏账处理。另外，对于超过企业既定销售政策和信用政策规定范围的特殊销售交易，需要经过适当的授权。

需要注意的是，审计人员应当根据销售与收款授权批准制度的规定，在授权范围内进行审批，不得超越审批权限。

3. 会计记录控制

为实现各项控制目标，需要具备充分的记账手续、会计凭证和记录，例如企业在收到客户订购单后，就立即编制一份预先编号的一式多联的销售单，分别用于批准赊销、审批发货、记录发货数量以及向客户开具账单和销售发票，在这种情况下，只要定期清点销售单和销售发票，就基本上可以防止漏开账单的情形。又如，财务人员在记录销售交易之前，对相关的销售单、发运凭证和销售发票上的信息进行核对，以确保入账的营业收入是真实发生的和准确的。同时，应收账款总账和明细账，营业收入的总账和明细账等应定期进行核对，并定期检查确定账龄较长的欠款。

为了降低开具账单过程中出现遗漏、重复和错误计价或其他差错的风险，应设立以下控制程序：

（1）开具账单部门职员在开具每张销售发票之前，独立检查是否存在装运凭证和相应的经批准的销售单。

（2）依据已授权批准的商品价目表编制销售发票。

（3）独立检查销售发票计价和计算的正确性。

（4）将装运凭证上的商品总数与相对应的销售发票上的商品总数进行比较。

4. 凭证编号控制

对凭证应该进行预先连续编号，既可以防止销售以后遗漏向客户开具账单或重复记账，也可防止重复开具账单或重复记账。收款员对每笔销售开具账单后，将发运凭证按顺序归档，由另一位职员定期检查全部凭证的编号，并调查凭证缺号的原因。

5. 按月对账控制

由不负责现金出纳和销售及应收账款记账的人员按月向客户寄发对账单，能促使客户在发现应付账款余额不正确后及时反馈有关信息。

为了使这项控制更加有效，最好将账户余额中出现的所有核对不符的账项，指定一位不负责货币资金也不记载营业收入和应收账款项目的主管人员处理，然后由独立人员按月编制对账情况汇总报告并交管理层审阅。

6. 内部核查控制

内部核查是指由内部审计人员或其他独立人员核查销售交易的处理和记录，是实现内部控制目标不可缺少的一项控制措施。销售与收款内部控制检查的主要内容包括：

（1）销售与收款交易相关岗位及人员的设置情况，重点检查是否存在销售与收款交易不相容职务混岗的现象。

（2）销售与收款交易授权批准制度的执行情况，重点检查授权批准手续是否健全，是否存在越权审批行为。

（3）销售的管理情况，重点检查信用政策和销售政策的执行是否符合规定。

（4）收款的管理情况，重点检查销售收入是否及时入账，应收账款的催收是否有效，坏账核销和应收票据的管理是否符合规定。

（5）销售退回的管理情况，重点检查销售退回手续是否齐全，退回货物是否及时入库。

【例 7-1】某会计师事务所对华信食品股份有限公司进行审计时，注册会计师孙某对华信食品股份有限公司的销售与收款循环内部控制进行了解，得知：华信食品股份有限公司发出产成品时，由销售部填制一式四联的出库单，仓库发出产成品后，将第一联出库单留存登记产成品卡片，

第二联交销售部留存，第三、四联交会计部会计人员张强登记产成品总账和明细账。分析上述情况有无不妥之处。

分析：会计人员王某同时登记产成品总账和明细账，不相容职务未进行分离。此情况不妥，应建议华信食品股份有限公司由不同的会计人员登记产成品总账和明细账。

7.2.2 销售与收款循环的控制测试

在对销售与收款循环的内部控制进行控制测试时，要首先了解每项业务活动的关键控制点。关键控制点是指未加控制就会产生错弊的关键环节，销售与收款循环涉及的业务活动中的关键控制点、防范的错报与控制测试，如表 7-2 所示。

表 7-2 销售与收款循环的关系控制点与控制测试

主要业务活动	关键控制点	防范的错报	可能的控制测试
接受顾客订单	1. 确定顾客在已批准的顾客清单上 2. 每次销售都有已批准的销售单	可能把商品销售给了未经授权的顾客	审查已批准的顾客清单和销售单
批准信用	1. 信用部门须对所有新顾客做信用调查 2. 在销售前，检查顾客的信用额度 3. 要求被授权的信用部门人员在销售单上签署意见	承担了不适当的信用风险	1. 询问对新顾客做信用调查的程序 2. 核对信用额度与销售情况 3. 审查赊销信用是否经适当的授权批准
按销售单发货、装运货	1. 发货、装运货都需有已批准的销售单 2. 按销售单发货和装运的职责相分离 3. 每次装运都编制装运凭证	1. 所发出与装运的货物可能和被订购的货物不符 2. 可能有未经授权的发出与装运货物	1. 观察发运与装运货物的职责分工情况 2. 审查装运凭证及独立稽核的证据
开单给顾客	1. 每张发票须有与之相配合的装运凭证和已批准的销售单 2. 每张装运凭证须有与之相配合的销售发票 3. 由独立人员对销售发票的编制做内部核查	1. 可能对虚构的交易开单或重复开单 2. 有些装运凭证可能没有开账单 3. 销售发票可能计价错误	1. 将发票与装运凭证和已批准的销售单核对 2. 追查装运凭证至销售发票 3. 检查和计算发票的计价
记录销售	1. 销售发票与销售账和顾客账的金额一致 2. 每月定期给顾客寄送对账单	1. 发票可能未入销售账和顾客账户 2. 发票可能过到错误的顾客账户	1. 复核检查证据 2. 观察月末对账单情况
办理和记录现金、银行存款收入	1. 采用汇款通知单 2. 独立检查入账和过账的金额与每日现金汇总表的一致性 3. 定期编制银行存款余额调节表	1. 货币资金失窃 2. 收款记录错误	1. 核对发运凭证与相关的销售发票和主营业务收入明细账及应收账款中的分录 2. 审查银行存款余额调节表

（1）抽取一定数量的销售发票，做如下检查：

① 检查发票是否连续编号，作废发票的处理是否正确。

② 核对销售发票与销售订单和出库单所载明的品名、规格、数量及价格是否一致。

③ 检查销售发票中所列的数量、单价和金额是否正确。

④ 从销售发票追查至有关的记账凭证和明细账，确定被审计单位是否正确及时地登记有关凭证和账簿。

（2）抽取一定数量的出库单，并与相关的销售发票进行核对，检查已发出的商品是否均已向顾客开出发票。

（3）抽取一定数量的销售调整业务的会计凭证，检查销售退回、折让、折扣、核准与会计核算。

① 确定销售退回、折让与现金折扣是否经过适当的授权，授权人与收款人的职责是否分离。

② 检查销售退回与折让是否附有贷项通知单。

③ 检查退回的商品是否有验收报告，并将验收报告中的数量、金额与贷项通知单等进行核对。

（4）抽取一定期间的对账单与相应的应收账款明细账的余额进行核对，确定被审计单位是否定期与顾客对账。

（5）观察员工获得或接触资产、凭证和记录的途径，观察员工在执行授权、发货和开票等职责时的表现，确定被审计单位是否存在必要的职责分离和内部控制，在执行过程中是否存弊端。

【例 7-2】某会计师事务所的注册会计师孙某和刘某于 2017 年 12 月 17 日对华信食品股份有限公司的销售和收款循环的内部控制进行了解和测试，并在相关审计工作底稿中记录了了解和测试的事项，其中一项为：会计人员王某负责开具销售发票。在开具销售发票之前，先取得仓库的发货记录和销售商品价目表，然后填写销售发票的数量、单价和金额。分析上述情况有无不妥之处。

分析：会计人员王某开具销售发票不能只依据发货单和价目表，因为实际销售的数量和结算价格可能会与发货单上的数量及价目表上的价格不一致。华信食品股份有限公司会计人员王某应先核对装运凭证和相应的经批准的销售单，并根据已授权批准的商品价格填写销售发票的价格，根据装运凭证上的数量填写销售发票的数量，再根据数量和价格计算出金额。

7.3 销售与收款循环主要项目审计

——如何对销售与收款循环的主要项目进行实质性测试？

7-3

cfo 要求你懂得

如何了解营业收入的公允性和合法性——营业收入审计
如何了解应收账款的公允性和合法性——应收账款审计
如何验证营业收入在正确的期间记录——截止测试
验证应收账款存在性的最有效的程序——函证

关键术语

营业收入（business income）
应收账款（accounts receivable）
函证（letter of correspondence）

在完成控制测试之后，注册会计师基于控制测试的结果（即控制运行是否有效），确定从控制测试中已获得的审计证据及其保证程度，确定是否需要对具体审计计划中设计的实质性程序的性质、时间安排和范围做出适当调整。

销售与收款循环包括的项目有：营业收入、应收账款、坏账准备、应收票据、预收账款、应交税费、税金及附加和销售费用。下面对销售与收款循环中主要的项目审计进行详细讲解。

7.3.1 营业收入审计

营业收入是企业在销售商品或者提供劳务等经营业务中实现的营业收入，包括基本业务收入和其他业务收入。营业收入审计是指对企业营业收入的真实性、合法性和正确性所进行的审查。

1. 营业收入审计目标

营业收入项目核算企业在销售商品、提供劳务及让渡资产使用权等日常活动中所产生的收入。营业收入的审计目标主要包括：

（1）确定利润表中记录的营业收入是否已经发生，且与被审计单位有关（发生认定）。

（2）确定所有应当记录的营业收入是否均已记录（完整性认定）。

（3）确定与营业收入有关的金额及其他数据是否已经恰当记录，包括对销售退回、销售折扣与折让的处理是否适当（准确性认定）。

（4）确定营业收入是否已记录于正确的会计期间（截止认定）。

（5）确定营业收入是否已经按照会计准则的规定在财务报表中做出恰当的列报（与列报和披露相关的认定）。

2. 主营业务收入的一般实质性程序

主营业务收入实质性测试程序包括：

（1）获取或编制主营业务收入项目明细表。复核加计是否正确，并与报表数、总账数和明细账合计数核对是否相符。

（2）检查主营业务收入的确认条件和方法是否符合《企业会计准则》，前后期是否一致；关注周期性和偶然性的收入是否符合既定的收入确认原则和方法。

被审计单位确认销售的时点根据采取的销售方式而定。

① 采用交款提货销售方式，通常应于货款已收到或取得收取货款权利并将发票账单和提货单交给购货单位时确认收入的实现，对此，审计人员应着重检查被审计单位是否收到货款或取得收取货款的权利，发票账单和提货单是否已交付购货单位。应注意有无扣压结算凭证，将当期收入转入下期入账的现象，或者虚记收入、开具假发票和虚列购货单位，将当期未实现的收入虚转为收入记账，在下期予以冲销的现象。

【例 7-3】某会计师事务所负责审计华信食品股份有限公司 2019 年财务报表，注册会计师孙某监盘存货时发现甲产品账面数量大于实际库存数量 100 吨。询问相关人员得知，该产品已开发票，且发票账单和提货单均已交给购货单位，双方约定 15 天后付款，华信食品股份有限公司既没有保留继续管理权，也未对其实施控制。华信食品股份有限公司以未收到货款为由，没有做任何会计处理，该产品销售单价为 1 000 元，单位成本为 550 元。请指出上述账务处理中存在的问题，并做出审计调整分录。

分析：根据《企业会计准则》的规定，采用交款提货销售方式，应于货款已收到或取得收取货款权利，同时已将发票账单和提货单交给购货单位时确认收入的实现。因此，该交易符合收入确认条件，应确认为当期销售。注册会计师孙某应提请华信食品股份有限公司调整报表。审计调整分录为：

借：应收账款　　　　113 000

　　贷：营业收入（主营业务收入）　　　　100 000

　　　　应交税费——应交增值税（销项税额）　　13 000

借：营业成本（主营业务成本）　　　　55 000

　　贷：存货（库存商品）　　　　55 000

② 采用预收账款销售方式，在商品已经发出时，确认收入的实现。对此，审计人员应重点检查被审计单位是否收到了货款，商品是否已经发出。应注意是否存在对已收货款并已将商品发出的交易不入账转为下期收入，或开具虚假出库凭证虚增收入等现象。

【例 7-4】某会计师事务所负责审计华信食品股份有限公司 2019 年财务报表，注册会计师王某审计时发现有一笔预收大风公司 113 000 元的货款，产品已发出，成本为 45 000 元。但华信食品股份有限公司没有做任何账务处理。请指出上述账务处理中存在的问题，并做出审计调整分录。

分析：根据《企业会计准则》的规定，采用预收账款销售方式，应于商品已经发出时确认收入的实现。由于该笔交易货物已经发出，相关的风险和报酬已经转移，符合收入的确认条件，应当确认销售收入实现。注册会计师王某应提请华信食品股份有限公司调整报表。审计调整分录为：

借：预收款项（预收账款）　　　　113 000

　　贷：营业收入（主营业务收入）　　　　10 0000

　　　　应交税费——应交增值税（销项税额）　　13 000

借：营业成本（主营业务成本）　　　　45 000

　　贷：存货（库存商品）　　　　45 000

③ 采用托收承付结算方式，通常应于商品已经发出，劳务已经提供，并已将发票账单提交银行，办妥收款手续时确认收入的实现。对此，审计人员应重点检查被审计单位是否发货，托收

手续是否办妥，货物发运凭证是否真实，托收承付结算回单是否正确。

④ 采用分期收款方式销售，应按照未来收款的现值一次性确认为收入。审计人员应审查本期是否收到货款，查明合同约定的本期应收款日期是否真实，是否存在分期确认收入或者不入账、少入账和缓入账的情况。

⑤ 采用委托其他单位代销方式销售，应在代销商品已经销售，并收到代销清单时确认收入实现。审计人员应查明有无编制虚假代销清单和虚增本期收入的情况。

3. 实施实质性分析程序

审计人员应实施分析程序，检查主营业务收入是否有异常变动和重大波动，从而在总体上对主营业务收入的真实性做出初步判断。审计人员通常按以下程序实施实质性分析：

第一步，针对已识别需要运用分析程序的有关项目，并基于对被审计单位及其环境的了解，进行以下比较：

（1）将本期的主营业务收入与上期的营业收入、销售预算或预测数等进行比较，分析营业收入及其构成的变动是否异常，并分析异常变动的原因。

（2）计算本期重要产品的毛利率，与上期预算或预测数据比较，检查是否存在异常，各期之间是否存在重大波动，并查明原因。

（3）比较本期各月各类营业收入的波动情况，分析其变动趋势是否正常，查明异常现象和重大波动的原因。

（4）将本期重要产品的毛利率与同行业企业进行对比分析，检查是否存在异常。

（5）根据增值税专用发票或普通发票，估算全年收入，与实际收入金额比较。

第二步，确定可接受的差异额。

第三步，将实际的情况与期望值相比较，识别需要进一步调查的差异。

第四步，若其差额超过可接受的差异额，调查并获取充分的解释和恰当的审计证据。

第五步，评估分析程序的测试结果。

4. 核对主营业务收入相关交易的原始凭证与会计分录

以主营业务收入明细账中的会计分录为起点，检查相关原始凭证，如订购单、销售单、发运凭证和发票，以评价已入账的主营业务收入是否真实发生。检查订购单和销售单，用以确认存在真实的客户购买要求，销售交易已经过适当的授权批准。审计人员应该获取产品价格目录，从销售发票中选取样本，将其单价与经批准的产品价格目录进行比较，并分析价格的合理性，还应注意销售给关联方或关系密切的重要客户的产品价格是否合理，有无以低价或高价结算的方法相互之间转移利润的现象。

审计人员应将抽取的主营业务收入与应收账款明细账、现金或银行存款日记账、产成品明细账进行核对，以进一步确定发货日期、销售数量、品名、单价和金额等是否相符。

5. 实施销售的截止测试

截止测试是实质性测试中常用的一种具体审计技术，它被广泛应用于货币资金、往来款项、存货、营业收入和期间费用等许多会计报表项目的审计中，尤其在主营业务收入项目的运用中更为典型。对营业收入实施截止测试，其目的主要在于确定被审计单位主营业务收入的会计记录归属期是否正确；应记入本期或下期的主营业务收入是否被推延至下期或提前至本期。

根据收入确认原则，审计人员在审计中应该注意把握三个与主营业务收入有着密切关系的日期：一是发票开具日期或者收款日期；二是记账日期；三是发货日期（服务业则是提供劳务的日期）。主营业务收入截止测试的关键就是检查上述三个日期是否归属于同一适当会计期间。

在审计实务中，审计人员可以考虑选择三条审计路径实施主营业务收入的截止测试。

一是以账簿记录为起点。从资产负债表日前后若干天的账簿记录查至记账凭证，检查发票存根与发运凭证，目的是证实已入账的收入是否在同一期间已开具发票并发货，有无多记收入。这种方法主要是审查是否多计收入。

二是以销售发票为起点。从资产负债表日前后若干天的发票存根查至发运凭证与账簿记录，确定已开具发票的货物是否已发货并于同一会计期间确认收入。这种方法主要是审查是否少计收入。

三是以发运凭证为起点。从资产负债表日前后若干天的发运凭证查至发票开具情况与账簿记录，确定营业收入是否已记入恰当的会计期间。这种方法主要是审查是否少计收入。

提示

在审计实务中，审计人员可以考虑综合选择三条审计路径实施营业收入的截止测试。

【例 7-5】某会计师事务所接受委托对华信食品股份有限公司 2017 年度的财务报表进行审计。华信食品股份有限公司为增值税一般纳税人，为了确定华信食品股份有限公司的销售业务是否记录于恰当的会计期间，注册会计师王某决定对销售进行截止测试。

截止测试的简化工作底稿如表 7-3 所示。

表 7-3 截止测试的简化工作底稿

销售发票号	销售收入	计入销售明细账日期	发运日	发票日	销售成本
7632	11 万元	2017 年 12 月 30 日	2017 年 12 月 28 日	2017 年 12 月 28 日	7 万元
7633	14 万元	2017 年 12 月 30 日	2017 年 1 月 3 日	2018 年 1 月 4 日	8 万元
7634	9 万元	2017 年 12 月 31 日	2018 年 1 月 4 日	2018 年 1 月 5 日	5.1 万元
7635	21 万元	2018 年 1 月 2 日	2017 年 12 月 31 日	2017 年 12 月 31 日	12.5 万元
7636	9 万元	2018 年 1 月 4 日	2018 年 1 月 3 日	2018 年 1 月 4 日	5 万元
7637	6 万元	2018 年 1 月 6 日	2018 年 1 月 5 日	2018 年 1 月 6 日	4.2 万元

要求：

（1）根据上述资料指出注册会计师王某所执行截止测试的具体方法及其目的。

（2）根据上述资料分析华信食品股份有限公司是否存在提前入账的问题。如果有，请编制调整分录。

（3）根据上述资料分析华信食品股份有限公司是否存在推迟入账的问题，并简要说明理由。

分析：

（1）注册会计师王某执行的截止测试的具体方法是从资产负债表日前后若干天的主营业务收入明细账记录追查至记账凭证，检查发票存根和发运凭证，目的是证实已经入账的收入是否在同一期间开具发票并发货，有无多计收入或漏记收入的情况。

（2）华信食品股份有限公司主营业务收入明细账中 2017 年 12 月 30 日（发票号：7633）和 2017 年 12 月 31 日（发票号：7634）属于提前入账的销售业务。审计调整分录为（当时该企业增值税税率为 16%）：

	借方	贷方
借：营业收入（主营业务收入）	230 000	
应交税费——应交增值税（销项税额）	36 800	
贷：应收账款		266 800
借：存货（库存商品）	131 000	
贷：营业成本（主营业务成本）		131 000

（3）华信食品股份有限公司不一定存在推迟入账的问题，尽管通过测试发现 2018 年 1 月 2 日入账的销售业务，其发票存根和发运凭证均是 2017 年 12 月 31 日的，但这并不能完全表明该项销售业务已经符合确认收入的条件。注册会计师王某还应结合具体情况确定在 2017 年 12 月 31 日是否能确认为收入。如果在 2017 年未能确认为收入，则华信食品股份有限公司存在推迟确认收入的问题；否则就不存在推迟确认收入的问题。

6. 检查销售退回、折让与折扣

审计人员应注意检查销售退回、折让与折扣业务是否真实，内容是否完整，相关手续是否符合规定，折扣与折让的数额计算是否正确，会计处理是否恰当。对于销售退回，还应结合相关原始凭证检查其会计处理是否正确，结合存货项目审计关注其真实性。

7. 检查有无特殊的销售行为

对于特殊的销售行为，如附有销售退回条件的商品销售、委托代销、售后回购、以旧换新、商品需要安装和检验的销售、分期收款销售、出口销售、售后租回，应选择恰当的审计程序进行审核。

（1）附有销售退回条件的商品销售，如果对退货部分能做合理估计的，按估计不会退货部分确认收入；如果对退货部分不能做合理估计的，确定是否在退货期满时确认收入。

（2）售后回购，分析特定销售回购的实质，判断是否属于真正的销售交易，还是属于融资行为。

（3）以旧换新销售，确定销售的商品是否按照商品销售的方法确认收入，回收的商品是否作为购进商品处理。

（4）出口销售，根据交易的定价和成交方式，并结合合同中有关货物运输途中风险承担的条款，确定收入确认的时点和金额。

8. 确认营业收入在利润表上是否恰当披露

审计人员应审查利润表上的营业收入项目，数字是否与审定数相符，营业收入确认所采用的会计政策是否已在财务报表附注中披露。

7.3.2 应收账款与坏账准备审计

1. 应收账款审计

应收账款是指企业因销售商品、产品或提供劳务而形成的债权。即由于企业销售商品、产品或提供劳务等原因，应向购货客户或接受劳务的客户收取的款项或代垫的运杂费，是企业在信誉活动中所形成的各种债权性资产。应收账款审计是企业财务审计中一项非常重要的内容。加强企业的应收账款审计，是做好资产、负债和损益审计工作的主要内容之一，这对于加速企业资金周转、减少资金占用、提高资金利用率和促进资产保值增值都具有重要意义。

企业的应收账款是在销售交易或提供劳务过程中产生的。因此，应收账款的审计应结合销售交易来进行。一方面，收入的“发生”认定直接影响应收账款的“存在”认定；另一方面，由于应收账款代表了尚未收回货款的收入，通过审计应收账款获取的审计证据也能够为收入提供审计证据。

（1）应收账款审计目标。应收账款的审计目标一般包括：

① 确定资产负债表中记录的应收账款是否存在（存在认定）。

② 确定所有应当记录的应收账款是否均已记录（完整性认定）。

③ 确定记录的应收账款是否被审计单位拥有或控制（权利和义务认定）。

④ 确定应收账款是否可收回，坏账准备的计提方法和比例是否恰当，计提是否充分（计价和分摊认定）。

⑤ 确定应收账款及其坏账准备是否已按照《企业会计准则》的规定在财务报表中做出恰当列报（与列报和披露相关的认定）。

（2）应收账款实质性测试程序。应收账款实质性测试程序的内容包括：

① 取得或编制应收账款明细表。复核加计正确，并与总账数和明细账合计数核对是否相符。

提示

在取得或编制应收账款报表时应当注意，应收账款报表数是应收账款的净额，因此与报表数核对时，应结合坏账准备科目。

② 分析相关财务指标。

a. 复核应收账款借方累计发生额与营业收入关系是否合理，并将当期应收账款借方发生额占销售收入净额的百分比与管理层考核指标、被审计单位相关赊销政策比较，如存在异常应查明原因。

b. 计算应收账款周转率和应收账款周转天数等指标，并与被审计单位相关赊销政策、被审计单位以前年度指标和同行业同期相关指标进行对比分析，检查是否存在重大异常。

（3）分析应收账款的账龄。应收账款的账龄是指资产负债表中的应收账款从销售实现和产生应收账款之日起，至资产负债表截止日所经历的时间。审计人员可以通过获取或编制应收账款账龄分析表来分析应收账款的账龄，以便了解应收账款的可收回性。编制应收账款账龄分析表时，可以考虑选择重要的客户及其余额列示，而将不重要的或余额较小的汇总列示。应收账款账龄分析表的合计数减去已计提的相应坏账准备后的净额，应该等于资产负债表中的应收账款项目余额。

（4）向债务人函证应收账款。函证是指审计人员直接从第三方（被询证者）获取书面答复作为审计证据的过程。

函证应收账款的目的在于证实应收账款账户余额的真实性和正确性，防止或发现被审计单位及其有关人员在销售交易中发生的错误或舞弊行为。通过函证应收账款，可以比较有效地证明被询证者（即债务人）的存在和被审计单位记录的可靠性。

除非有充分证据表明应收账款对被审计单位财务报表而言是不重要的，或者函证很可能是无效的，否则注册会计师应当对应收账款进行函证。

如果采用积极的函证方式实施函证而未能收到回函，审计人员应发出第二封甚至第三封询证函，如果仍然得不到答复，应考虑采用必要的替代审计程序。

① 函证的对象。一般情况下，审计人员应选择以下项目作为函证对象：大额或账龄较长的项目；与债务人发生纠纷的项目；关联方项目；主要客户（包括关系密切的客户）项目；交易频繁但期末余额较小，甚至余额为零的项目；可能产生重大错报或舞弊的非正常项目。

② 总结和评价函证结果。审计人员应将函证的过程和情况记录在工作底稿中，并据以总结和评价应收账款情况。

如果函证结果表明没有审计差异，则审计人员可以合理地推论，全部应收账款总体是正确的。

如果函证结果表明存在审计差异，审计人员则应当估算应收账款总额中可能出现的累计差错是多少，估算未被选中进行函证的应收账款的累计差错是多少。寻找差异的原因，并要求被审计单位做适当调整。通常产生差异的原因主要有三方面：一是双方登记入账的时间不同；二是其中一方或双方记账错误；三是虚列应收账款。

③ 函证的控制。注册会计师应当将询证函回函作为审计证据，纳入审计工作底稿管理，询证函回函的所有权归属所在会计师事务所。

【例 7-6】某会计师事务所接受委托，审计华信食品股份有限公司 2017 年度的财务报表。注册会计师孙某了解和测试了与应收账款相关的内部控制，并将控制风险评估为高水平。孙某取得 2017 年 12 月 31 日的应收账款明细表，并于 2018 年 1 月 13 日采用肯定式函证方式向所有重要客户寄发了询证函。孙某将与函证结果相关的重要异常情况进行了汇总如表 7-4 所示。

表 7-4　与函证结果相关的重要异常情况汇总表

异常情况	函证编号	客户名称	金额（元）	回函日期	回函内容
1	10	甲	150 000	2018 年 1 月 22 日	购买阳光公司 150 000 元货物属实，但账款已于 2017 年 12 月 28 日用支票支付
2	26	乙	400 000	2018 年 1 月 23 日	因产品质量不符合要求，根据合同，已于 2017 年 12 月 30 日将货物退回
3	48	丙	450 000	地址错误，被邮局退回	

对于上述的异常情况，孙某应分别实施哪些重要审计程序？

分析：

对于甲客户的应收账款，应查找华信食品股份有限公司 2017 年 12 月 28 日银行存款到账通知单，核对银行存款日记账，确认应收账款是否收回。

对于乙客户的应收账款，应检查华信食品股份有限公司 2017 年 12 月 30 日货物验收入库单，并向乙公司索要退回货物的发运凭证，核对库存商品日记账。

对于丙客户的应收账款，应再次核对华信食品股份有限公司关于其丙客户的应收账款情况和其他相关资料，再次发函询证，若仍然被退回，则检查销售业务确认的原始凭证和相关会计资料。

（5）检查未函证应收账款。对于未函证的应收账款，或者未收到被询证方的回函，注册会计师应当实施替代审计程序，例如：

① 检查资产负债表日后收回的货款，值得注意的是，注册会计师不能仅查看应收账款的贷方发生额，还要查看相关的收款单据，以证实付款方确为该客户且确与资产负债表日的应收账款相关。

② 检查相关的销售合同、销售单和发运凭证等文件。注册会计师需要根据被审计单位的收入确认条件和时点，确定能够证明收入发生的凭证。

③ 检查被审计单位与客户之间的往来邮件，如有关发货、对账和催款等事宜的邮件。

（6）检查坏账的确认和处理。首先，审计人员应检查有无债务人破产或者死亡的，以及破产或以遗产清偿后仍无法收回的，或者债务人长期未履行清偿义务的应收账款。其次，应检查被审计单位坏账的处理是否经授权批准，有关会计处理是否正确。

（7）抽查有无不属于结算业务的债权。不属于结算业务的债权，不应在应收账款中进行核算。不属于结算业务的债权是指与销售商品和提供劳务无关的债权，比如其他应收款、应收利息、应收股利和应收补贴款等都是不属于结算业务的债权。审计人员应抽查应收账款明细账，并追查有关原始凭证，查证被审计单位有无不属于结算业务的债权，如有，应建议被审计单位做适当调整。

（8）确定已收回的应收账款金额。请被审计单位协助，在应收账款账龄明细表中标出至审计时已收回的应收账款金额，对已收回金额较大的款项进行常规检查。

对已收回金额较大的款项进行常规检查，通常包括核对收款凭证、银行对账单和销货发票，同时注意凭证发生日期的合理性，分析收款时间是否与合同相关要素一致。

（9）分析应收账款明细账余额。应收账款明细账的余额一般在借方。在分析应收账款明细账余额时，注册会计师如果发现应收账款出现贷方明细余额的情形，应查明原因，必要时建议重做分类调整。如果被审计单位没有设置“预收账款”账户，则收到的预收款项会在“应收账款”贷方核算，此种情况下可能出现“应收账款”贷方余额。如果被审计单位单独设置“预收账款”账户，那么“应收账款”贷方出现余额就是不正常的，因此需要查明原因。如果是非正常情况，则应建议被审计单位调整账户。

（10）确定应收账款的列报是否恰当。财务报表附注通常应披露期初、期末余额的账龄分析和期末欠款金额较大的单位账款等情况。

2. 坏账准备审计

（1）坏账准备的审计目标。坏账准备的审计目标主要包括：

① 确定计提坏账准备比率是否恰当，坏账准备是否充分。

② 确定坏账准备增减变动的记录是否完整。

③ 确定坏账准备年末余额是否正确。

④ 确定坏账准备在会计报表中的披露是否恰当。

（2）坏账准备的实质性测试程序。坏账准备实质性测试程序的主要内容包括：

① 取得或编制坏账准备明细表，复核加计是否正确，与坏账准备总账数和明细账合计数核对是否相符。

② 将应收账款坏账准备本期计提数与资产减值损失相应明细项目的发生额核对是否相符。

③ 检查应收账款坏账准备计提和核销的批准程序，取得书面报告等证明文件，评价计提坏账准备所依据的资料、假设及方法。

④ 实际发生坏账损失的，检查转销依据是否符合有关规定，会计处理是否正确。

⑤ 已经确认并转销的坏账重新收回的，检查其会计处理是否正确。

⑥ 检查函证结果。对债务人回函中反映的例外事项及存在争议的余额，审计人员应查明原因并做记录。必要时，应建议被审计单位做相应的调整。

⑦ 实施分析程序。通过比较前期坏账准备计提数和实际发生数，以及检查期后事项，评价应收账款坏账准备计提的合理性。

⑧ 确定应收账款坏账准备的披露是否恰当。企业应当在财务报表附注中清晰地说明坏账的确认标准、坏账准备的计提方法和计提比例。

7.4 销售与收款循环其他项目审计

——如何对应收票据和应交税费进行审计？

7-4

cfo 要求你懂得

如何验证应收票据的合法性和公允性——应收票据审计

如何验证应交税费的合法性和公允性——应交税费审计

关键术语

应收票据（notes receivable）

应交税费（tax payable）

企业所得税（enterprise income tax）

7.4.1 应收票据审计

1. 应收票据的审计目标

（1）确定应收票据是否存在。

（2）确定应收票据是否归被审计单位所有。

（3）确定应收票据增减变动的记录是否完整。

（4）确定应收票据是否有效，可否收回。

（5）确定应收票据年末余额是否正确。

（6）确定应收票据在会计报表中的披露是否恰当。

2. 应收票据的实质性测试

应收票据实质性测试程序的主要内容包括：

（1）核对应收票据明细账与总账的余额是否相符。

（2）获取或编制资产负债表日应收票据明细表，并检查明纽表各项会额的加计是否正确；从应收票据明细表总数追查到总分类账；抽查部分票据，检查其内容是否正确；将所查的票据项目追查到应收票据明细账，并与有关文件进行核对。

（3）监盘库存票据，并与应收票据登记簿的有关内容核对。

（4）抽取部分票据向出票人函证，以证实其存在性和可收回性。

（5）验明应收票据的利息收入是否均已正确入账。

（6）核对已贴现的应收票据，其贴现额与利息额的计算是否准确，会计处理方法是否恰当。

（7）验明应收票据是否已在资产负债表上恰当披露。

【例 7-7】注册会计师孙某在审计华信食品股份有限公司截至 12 月 31 日的应收票据项目时，通过审阅公司财务提供的应收票据备查簿，了解到该公司 2017 年度有关应收票据的状况及会计处理情况如下：

1. 存有 A 公司开具的于 10 月 30 日已到期的带息商业承兑汇票 400 万元，华信食品股份有限公司不仅未按规定将未到期的应收票据转入应收账款，并且于年度终了时按票面利率计提应收利息。

2. 存有 B 公司开具的带息银行承兑汇票 500 万元，票面利率月息 3‰，出票日期为 7 月 20 日，到期日为次年的 2 月 20 日。华信食品股份有限公司年终未按规定计提应收利息。

分析：根据现行会计制度的规定，注册会计师对华信食品股份有限公司上述应收票据会计事项提出以下审计意见：

对于 A 公司开具的带息商业承兑汇票，按照企业会计制度的规定，到期不能收回的带息应收票据，应按其账面余额转入“应收账款”科目，中期期末或年度终了时不再计提利息。注册会计师根据上述规定，应提请华信食品股份有限公司将“应收票据”中 A 公司开具的 400 万元到期未能支付的带息商业承兑汇票转入“应收账款”科目核算，并将计提的利息冲回进行调整。如果华信食品股份有限公司拒绝调整，注册会计师将根据重要性水平考虑发表何种类型的审计意见。

对于 B 公司开具的带息银行承兑汇票，根据现行会计制度的规定，带息应收票据应于中期期末，或年度终了按应收票据的票面价值和确定的利率计提利息。计提的利息增加应收票据的账面价值，借记“应收票据”科目，贷记“财务费用”科目。经注册会计师审验，对 B 公司的带息承兑汇票，年末应计提利息为（30×5+14）×3‰÷30×500=8.20 万元，对此，注册会计师应提请华信食品股份有限公司进行会计处理调整，如果华信食品股份有限公司拒绝调整，并超过审计重要性水平时，应考虑出具保留意见的审计报告。

另外，根据现行会计制度的规定，因付款人无力支付票款，收到银行退回的商业承兑汇票、委托收款凭证、未付票款通知或拒绝付款证明等资料时，应按应收票据的账面价值，借记“应收账款”科目，贷记“应收票据”科目。

对于华信食品股份有限公司已逾期的应收票据要查实情况，提请华信食品股份有限公司进行会计调整，并根据逾期原因和债务方信用情况，评价可收回性。如果华信食品股份有限公司拒绝调整，应根据审计重要性水平发表适当的审计意见。

7.4.2 应交税费审计

1. 应交税费的审计目标

应交税费的审计目标一般包括:

(1)确定资产负债表中记录的应交税费是否存在。

(2)确定所有应当记录的应交税费均已记录。

(3)确定记录的应交税费是被审计单位应当履行的偿还义务。

(4)确定应交税费以恰当的金额包括在财务报表中，与之相关的计价调整已恰当记录。

(5)确定应交税费是否已按照《企业会计准则》的规定在财务报表中做出恰当列报。

2. 应交税费的实质性测试

应交税费的实质性测试主要包括:

(1)取得或编制应交税费明细表，并进行如下检查:

① 复核加计是否正确，并与报表数、总账数和明细账合计数核对是否相符。

② 注意印花税、耕地占用税以及其他不需要预计应缴数的税金有无误入应交税费科目。

③ 分析存在借方余额的科目，查明原因，判断是否由被审计单位预缴税款引起。

(2)首次接受委托时，取得被审计单位的纳税鉴定、纳税通知和减免税批准文件，了解被审计单位适用的税种、附加税费、计税(费)基础、税(费)率以及“征、免、减税(费)”的范围与期限。如果被审计单位适用特定的税基式减免优惠或税额式减免优惠与降低适用税率的，且该项税收优惠需办理规定的审批或备案手续的，应检查相关的手续是否完整和有效，连续接受委托时，关注其变化情况。

(3)核对期初未交税金与税务机关受理的纳税申报资料是否一致，检查缓期纳税及延期纳税事项是否经过主管税务部门批准。

(4)取得税务部门汇算清缴、其他确认文件或有关政府部门的专项检查报告以及税务代理机构专业报告和被审计单位纳税申报资料，分析其有效性，并与上述明细表及账面数据进行核对。对于超过法定缴纳期限的税费，应取得主管税务部门的批准文件。

(5)检查企业所得税。

① 获取或编制应交所得税测算表，结合所得税项目，确定应纳税所得额及企业所得税税率，复核应交企业所得税的计算是否正确，是否按规定进行了会计处理。

② 抽查本期已交所得税资料，确定已交数的正确性。

③ 汇总纳税企业所得税汇算清缴，并按税法规定追加相应的程序。

(6)检查增值税。

① 获取或编制应交增值税明细表，加计复核其正确性，并与明细账核对相符。

② 将应交增值税明细表与被审计单位增值税纳税申报表进行核对，比较两者是否总体相符，并分析其差额的原因。

③ 进项税。

通过“原材料”等相关科目算进项税是否合理。

抽查一定期间的进项税抵扣汇总表，与应交增值税明细表的相关数额合计数核对，如有差异，需查明原因并做适当处理。

抽查重要进项税发票、海关完税凭证和收购凭证，并与网上申报系统进行核对，同时注意进口货物和购进的免税农产品或废旧物资、接受投资或捐赠、接受应税劳务等应计的进项税额是否按规定进行了会计处理；因发生非常损失应计的进项税额转出数的计算是否正确，是否按规定进行了会计处理。

④ 销项税。

检查适用税率是否符合税法规定。

根据已审定的主营业务收入、其他业务收入及税法规定视同销售行为的有关记录，复核销项税额，并注意视同销售行为计税依据的确定是否正确。注意计税依据的确定：在将自产或委托加工的货物用于非应税项目集体福利和个人消费等视同销售情况下，税基计算是否正确；将自产、委托加工或外购的货物用于投资及捐赠时，是否分别按货物的含同价或不含税捐赠价计算；将自产、委托加工或外购的货物分配给股东或投资者及其他情况下是否按不含税销售额计算。

⑤ 取得《出口货物退（免）税申报表》及办理出口退税有关凭证，复核出口货物退税的计算是否正确，是否按规定进行了会计处理。

（7）对经主管税务机关批准实行核定征收率征收增值税的被审计单位，应检查其是否按照有关规定正确执行。如果申报增值税金额小于核定征收率计算的增值税金额，应注意超过申报额部分的会计处理是否正确。

（8）抽查本期已交增值税资料，确定已交款数的正确性。

（9）检查应交消费税。

① 结合税金及附加等项目，根据审定的应税消费品销售额（或数量），检查消费税的计税依据是否正确；适用税率（或单位税额）是否符合税法规定，是否按规定进行了会计处理，并分项复核本期应交消费税税额。

② 抽查本期已交消费税资料，确定已交数的正确性。

（10）检查应交土地增值税的计算是否正确，是否按规定进行了会计处理。

① 根据审定的预售房地产的预收账款，复核预交税款是否准确。

② 对符合项目清算条件的房地产开发项目，检查被审计单位是否按规定进行土地增值税清算。如果被审计单位已聘请中介机构办理土地增值税清算鉴证，应检查和核对相关鉴证报告。

③ 如果被审计单位被主管税务部门核定征收土地增值税，应检查和核对相关的手续。

（11）检查应交城市维护建设税。

① 结合税金及附加和应交增值税等科目的审计，根据审定的计税基础和按规定适用的税率，复核被审计单位本期应交城市维护建设税的计算是否正确，是否按规定进行了会计处理。

② 抽查本期已交城市维护建设税资料，确定已交数额的正确性。

（12）检查应交车船使用税和房产税的计算是否正确。

① 获取被审计单位自有车船数量、吨位（或座位）及自有房屋建筑面积、用途、造价（购入原价）和购建年月等资料，并与固定资产（含融资租入固定资产）明细账复核一致。

② 了解其使用、停用时间及其原因。

③ 通过审核本期完税单，检查其是否如实申报和按期缴纳，是否按规定进行了会计处理。

（13）检查应交资源税的计算是否正确，是否按规定进行了会计处理。

（14）检查应交土地使用税的计算是否正确，是否按规定进行了会计处理。

（15）检查教育费附加或矿产资源补偿费等的计算是否正确，是否按规定进行了会计处理。

（16）检查除上述税项外的其他税项及代扣税项的计算是否正确，是否按规定进行了会计处理。

① 了解被审计单位按国家或当地政府的税制规定应交纳的其他税（费）项，并采用适当的程序做相应检查。

② 了解并获取被审计单位已发生的代扣税（费）项，如：代扣国外企业所得税（支付给在国内未设置机构的国外企业的工程费、管理服务费、手续费或佣金）；代扣个人所得税（分配股利；支付给国外企业来国内工作的专家、管理人员和技工的薪金、津贴、奖金、劳务费或佣金）。

③ 根据各项应纳税收入（所得）额，计算应纳税费，并与明细账核对。

④ 审核支付凭证是否具有当地税务机关的统一发票（或缴款书），是否已自行申报缴纳。

⑤ 获取有关的合同或协议，根据涉及上列税（费）项的条款，确定（或与税务机关联系）是否应由客户代扣，如客户属于扣缴义务人时，则应复核本年度的应纳税费，核对或调整其相关的债权、债务。

（17）检查被审计单位获得税费减免、返还时的依据是否充分、合法、有效，会计处理是否正确。

（18）抽查每笔应交税费相关的凭证，检查是否有合法依据，会计处理是否正确。

（19）检查应交税费的列报是否恰当。如果被审计单位是上市公司，在其财务报表附注中应按税费种类分项列示应交税费金额，并说明本期执行的法定税（费）率。对于超过法定缴纳期限的应列示主管税务部门的批准文件。

8 采购与付款循环审计

应对采购与付款循环中的内部控制进行控制测试，并对相关项目进行实质性测试

CFO 导语

开展审计工作时，应该知道：

1. 采购与付款循环的主要业务活动是什么？涉及哪些会计记录与凭证？

2. 采购与付款循环的内部控制应如何设计？如何进行控制测试？

3. 如何对采购与付款循环的相关项目进行实质性测试？

本项目架构

- 采购与付款循环概述
- 采购与付款循环内部控制及控制测试
- 采购与付款循环主要项目审计

8.1 采购与付款循环概述

——采购与付款循环包括哪些业务活动？涉及哪些会计记录与凭证？

cfo 要求你懂得

采购与付款循环包括哪些业务活动——采购与付款循环的业务活动

采购与付款循环涉及哪些会计凭证和记录——采购与付款循环的会计凭证和记录

关键术语

采购与付款循环（purchase and payment cycle）
请购单（purchase requisition）
订购单（order form）
验收单（acceptance check）
卖方发票（seller’s invoice）
付款凭单（payment voucher）
支票（check）
转账凭证（transfer voucher）
付款凭证（payment voucher）
供应商对账单（supplier’s bill）

采购与付款循环，是从处理采购申请开始，经发出订购单、接收货品及服务，到处理给卖方的发票与收货报告和订购单，支付现金，最后记录货品的收取以及负债现金等项目的增减过程。

企业的采购与付款循环包括购买商品和劳务，以及企业在经营活动中为获取收入而发生的直接或间接的支出。采购与付款业务主要的程序为“请购—订货—验收—付款”。在内部控制比较健全的企业中，对采购与付款循环的审计可以单独进行，但是为了综合评价被审计单位的财务报表情况，还需要综合其他循环的审计结果。

8.1.1 采购与付款循环的主要业务活动

制造业被审计单位的采购与付款循环涉及的主要业务活动如下：

1. 制订采购计划

以企业的生产经营计划为基础，生产和仓库等部门定期编制采购计划，经部门负责人等管理人员审批后提交采购部门，具体安排商品及服务采购。

2. 供应商认证及信息维护

企业通常对于合作的供应商事先进行资质审核，将通过审核的供应商录入系统，形成完整的供应商清单，并及时对其信息进行更新。采购部门只能向通过审核的供应商进行采购。

3. 请购商品和劳务

仓库负责对需要购买的、已列入存货清单的项目填写请购单，其他部门也可以对所需要购买但未列入存货清单的项目编制请购单。由于仓库部门、生产部门及其他需要采购物资的部门都可以填列请购单，请购单不便事先编号，但为加强控制，每张请购单必须经过对这类支出预算负责的主管人员签字批准。

请购单是证明有关采购交易“发生”的认定凭据之一，也是采购交易轨迹的起点。

4. 编制订购单

采购部门在收到请购单后，只能对经过批准的请购单发出订购单。订购单中应正确填写所需商品的品名、数量、价格、厂商名称和地址等信息，预先连续编号并经过被授权的采购人员签名。其正联应送交供应商，副联送至企业内部的验收部门、应付凭单部门和编制请购单的部门。

检查订购单与采购交易的“完整性”和“发生”认定有关。

5. 验收商品

验收部门首先应比较所收商品与订购单中的要求是否相符，然后再盘点商品并检查商品有无损坏。验收后，验收部门应对已收货的每张订购单编制一式多联和预先按顺序编号的验收单，作为验收和检验商品的依据。验收人员将商品送交仓库或其他请购部门时，应取得经过签字的收据，以完成他们对所采购的资产应负的保管责任。验收人员还应将其中的一联验收单送交应付凭单部门。

验收单是支持资产和与采购有关负债的“存在”或“发生”认定的重要凭据。

定期独立检查验收单的顺序以确定每笔采购交易都已编制凭单，则与采购交易的“完整性”认定有关。

6. 储存已验收的商品

储存部门的相关人员在验收单上签字后，对已验收商品进行入库保管。保管与采购的其他职责相分离，可减少未经授权的采购和盗用商品的风险。存放商品的仓储区应限制无关人员接近。

储存已验收的商品相关控制与商品的“存在”认定有关。

7. 编制付款凭单

货物验收后，确定供应商发票的内容与相关的验收单和订购单的一致性，应付凭单部门编制有预先顺序编号的付款凭单。付款凭单需要由被授权人员签字，已批准的付款凭单需送达会计部门，据以编制有关记账凭证和登记有关账簿。

检查付款凭单与“存在”“发生”“完整性”“权利和义务”和“计价和分摊”等认定有关。

8. 确认与记录负债

在收到供应商发票时，应付账款部门应将发票上所记载的品名、规格、价格、数量、条件及运费与订货单和验收单上的有关资料核对，核对相符后准确、及时地记录负债。

在此项活动中，涉及的主要会计记录与凭证包括卖方发票、验收单、订货单、卖方对账单、转账凭证、应付账款明细账和应付凭单登记簿。应付凭单登记簿，是应付账款部门确认负债时将应付凭单部门传递来的应付凭单按时间统一进行登记备查的簿籍。应付凭单登记簿示例如表 8-1 所示。

表 8-1　应付凭单登记簿

应付凭单登记簿

客户名称：　　　　　　　　　　　　　　　　　　　　　　　　第　　页

年		验收单字号	统一发票号码	摘要	借方		贷方		余额	
月	日									

9. 付款

通常是由应付凭单部门负责确定未付凭单在到期日付款。企业在准备付款前，应核对付款条件，并检查资金是否充足。在签发支票的同时登记支票簿和日记账，以便登记每一笔付款。已签发的支票连同有关发票与合同凭证应送交有关负责人审核签字，并将支票送交供应商。

10. 记录现金、银行存款支出

会计部门应根据已签发的支票编制付款记账凭证，并据以登记银行存款日记账及其他相关账簿。

8.1.2　采购与付款循环相关会计凭证与记录

在内部控制比较健全的企业中，处理采购与付款交易通常需要使用很多单据与会计记录，主要包括以下几种（下述涉及的单据，可能因被审计单位的不同而名称不同）。

1. 采购计划

企业以销售和生产计划为基础，制订采购计划，并经适当的管理层审批后执行。

2. 供应商清单

企业通过文件审核及实地考察等方式对合作的供应商进行认证，并进行维护与更新。

3. 请购单

请购单是由产品制造和资产使用等部门的有关人员填写，送交采购部门，申请购买商品、劳务或其他资产的书面凭证。

4. 订购单

订购单是由采购部门填写，向另一企业购买订购单上所指定的商品、劳务或其他资产的书面凭证。

5. 验收及入库单

验收单是收到商品和资产时所编制的凭证，列示从供应商处收到的商品、资产的种类和数量等内容。入库单是由仓库管理人员填写的验收合格品入库的凭证。

6. 卖方发票

卖方发票（供应商发票）是供应商开具的，交给买方以载明发运的货物或提供的劳务、应付款金额和付款条件等事项的凭证。

7. 付款凭单

付款凭单是采购方企业的应付凭单部门编制的，载明已收到的商品、资产或接受的劳务、应付款金额和付款日期的凭证。付款凭单是采购方企业内部记录和支付负债的授权证明文件。

8. 支票

支票是指发票人签发的委托银行等金融机构于见票时支付一定金额给收款人或其他指定人的一种票据。被审计单位在实际支付款项时，签发支票是最常采用的方式。

9. 转账凭证

转账凭证是指记录转账交易的记账凭证，它是根据有关转账交易（即不涉及库存现金、银行存款收付的各项交易）的原始凭证编制的。

10. 付款凭证

付款凭证包括现金付款凭证和银行存款付款凭证，是指用来记录库存现金和银行存款支出交易的记账凭证。

11. 应付账款明细账、库存现金日记账和银行存款日记账

企业通常应按供货单位设置应付账款明细账，用来记录企业向各供货单位的赊购金额、存款支付金额及应付账款余额等内容。货款的支付金额应及时登记库存现金日记账和银行存款日记账。

12. 供应商对账单

供应商对账单是由供应商编制的，用于核对与采购企业往来款项的凭据，通常标明期初余额、本期购买和本期支付给供应商的款项和期末余额等信息。

制造业被审计单位的采购与付款循环通常包含的相关财务报表科目，涉及的主要业务活动及常见的主要单据及会计记录，如表 8-2 所示。

表 8-2　采购与付款循环主要活动与记录

交易类别	相关财务报表科目	主要业务活动	主要单据及会计记录
采购	存货、其他流动资产、销售费用、管理费用、应付账款、其他应付款、预付账款	1. 编制采购计划 2. 维护供应商清单 3. 请购商品和劳务 4. 编制订购单 5. 验收商品 6. 储存已验收的商品 7. 编制付款凭单 8. 确认与记录负债	1. 采购计划 2. 供应商清单 3. 请购单 4. 订购单 5. 验收单 6. 卖方发票 7. 付款凭单
付款	应付账款、其他应付款、应付票据、货币资金	1. 办理付款 2. 记录现金、银行存款支出 3. 与供应商定期对账	1. 转账凭证、付款凭证 2. 应付账款明细账 3. 库存现金日记账和银行存款日记账 4. 供应商对账单

8.2　采购与付款循环内部控制及控制测试

——采购与付款循环需要从哪些方面设计内部控制？如何进行控制测试？

cfo 要求你懂得

采购与付款循环如何设计内部控制——采购与付款循环的内部控制

如何了解采购与付款循环的内部控制——采购与付款循环的控制测试

关键术语

请购制度（purchase system）
验收程序（acceptance procedure）
付款程序（payment procedure）

8.2.1 采购与付款循环内部控制

采购与付款循环的内部控制主要包括：

1. 有效的职责分离

企业应当建立采购与付款交易的岗位责任制，明确相关部门和岗位的职责和权限，确保办理采购与付款交易的不相容岗位相互分离、制约和监督。不得由同一个部门或同一个人负责采购及付款的全过程。

采购与付款循环涉及的不相容岗位至少包括：请购与审批；询价与确定供应商；采购合同的订立与审批；采购与验收；采购、验收与相关会计记录；付款审批与付款执行。

2. 合理的请购制度

企业应当建立采购申请制度，依据购置的商品或劳务的类型确定归口管理部门。请购部门提出的采购需求，应明确采购类别、质量等级、规格、数量、相关要求和标准、到货时间，由相关权责主管在相应的权限范围内，根据预算合理地签发请购申请单。

3. 明确的订货内容

采购部门在收到请购单后，应先明确订购多少、向谁订购、何时购货等问题，然后再发出购货订单。

（1）订购数量的控制。采购部门首先应对每一份请购单审查其请购数量是否在控制限额的范围内，其次是检查使用物品和获得劳务的部门主管是否在请购单上签字同意。

（2）选择供应商的控制。采购部门在正式填制购货订单前，必须向不同的供应商（通常需求两家以上）索取供应物品的价格、质量指标、折扣、付款条件以及交货时间等资料，比较不同供应商所提供的资料，选择最有利于企业生产和成本最低的供应商，并与其签订合同。

（3）订货时间的控制。关于何时订货的问题主要由存货管理部门运用经济批量法和分析最低存货点来进行，而不是由采购部门进行。当请购单已提出，购货部门应将这些请购单的处理结果及时告知仓储和生产部门。

采购部门确定好采购数量、供应商和采购时间后，应及时填制订货单，订货单应预先进行连续编号，填制完成向供应商发出前，由专人检查该订货单是否得到授权人的签字；订货单的副本应递交给请购、保管与会计部门，以备核对。

4. 严格的验收程序

验收的职能必须由独立于请购、采购和会计部门的人员来承担，根据企业规定的验收制度和经批准的订单与合同等采购文件，对所购物品或劳务等的品种、规格、数量、质量和其他相关内容进行验收，填制验收单并将其及时报告请购、购货和会计部门。

提示

验收单的内容包括供应商名称、收货日期、货物名称、数量和质量以及运货人名称、原购货订单编号。

5. 正确记录应付账款

应付账款的记录必须由独立于请购、采购、验收和付款的人员进行；应付账款的入账必须在取得、审核各种必要的凭证以后才能进行；必须分别设置应付账款的总分类账户和明细分类账；对于享有折扣的交易，应根据供应商发票金额减去折扣金额的净额登记应付账款；每月应将应付账款明细账与客户发来的对账单进行核对。

6. 谨慎的付款程序

使用支票付款时，支票应事前编号。付款前，应复核客户发票上的数量、价格、合计数以及折扣条件，并核对支票的金额。采购和付款应有各自独立的签名，对支票应采取函寄或其他安全方式送交。对已签发的支票应将其原始凭证加盖“已付款”印章，以避免重复付款，对于空白支票应安全存放，作废的支票应立即注销。

提示

会计部门应及时记录付款业务，定期核对总账和分类账以及日记账，注意未付账款。

【例 8-1】华信食品股份有限公司没有设置独立的验收部门，公司在采购部门里设置了一个验收岗位，并且在采购量大、品种多，验收人员忙不过的情况下，由采购人员协助验收。这种安排是否符合内部控制要求？

分析：这种安排是不符合恰当的内部控制要求的。验收的职责应该与采购分离，应该设置独立的验收部门，或者独立的验收岗位，安排独立于采购、会计记录和仓库管理的人员来完成验收，保证有效的职责分离。

8.2.2 采购与付款循环控制测试

审计人员在进行采购与付款控制测试时，应结合业务控制环节进行。

1. 请购时内部控制的测试

审计人员应抽取若干张请购单，检查摘要、数量、日期及相应文件的完整性，是否得到适当审批。

2. 订购时内部控制的测试

审计人员应注意审查订购单的日期、摘要、数量、价格、规格、质量及运输要求是否完整，是否按顺序连续编号，以及是否经恰当的授权批准。

3. 商品验收时内部控制的测试

审计人员应检查验收单的编号及内容填写是否完整，是否附有相应的请购单和订购单。并且通过观察，了解验收人员的实际验收过程。

4. 编制付款凭单、确认与记录负债时内部控制的测试

审计人员应检查与每张凭单相配合的订购单、验收单和采购发票，检查所载信息是否核对一致，发票上是否加盖了“相符”印戳。审计人员还应根据付款凭证记录的内容，分别追查应付账款和存货明细账与总账是否平行登记，金额是否一致。

5. 付款业务内部控制的测试

审计人员应检查支票样本，审核付款是否经过批准，支票是否与应付凭单一致，付款后是否注销凭单，支票是否由经过授权批准的人员签发；检查支票登记簿的编号次序，与相应的应付账款明细账以及银行存款日记账核对，审查其金额是否一致；观察编制凭证和签发支票、签发支票与保管支票的职责是否符合岗位分离制度；检查付款支票样本，确定资金支付是否完整地记录在适当的会计期间。

在对被审计单位采购与付款循环的相关内部控制实施测试时，注册会计师需注意以下几点：

（1）控制测试所使用的审计程序类型主要包括询问、观察、检查和重新执行，其提供的保证程序依次递增。

（2）如果在期中实施了控制测试，注册会计师应当就控制在剩余期间的运行情况获取证据，以确定控制是否在整个被审计期间持续运行有效。

（3）控制测试的实施取决于注册会计师需要通过控制测试获取的保证程度。

（4）如果拟依赖的内部控制是由计算机执行的自动化控制，注册会计师除了测试自动化应用控制的运行有效性，还需要就相关的信息技术控制的运行有效性获取审计证据。

提示

上述有关实施采购与付款循环的控制测试的基本要求，就其原理而言，对其他业务循环的控制测试同样适用。因此，在后面讨论其他业务循环的控制测试时将不再重复。

【例 8-2】某会计师事务所委派注册会计师刘某和张某，于 2017 年 11 月 1 日至 7 日对华信食品股份有限公司的采购与付款循环的内部控制制度进行了解和测试，并在相关审计工作底稿中记录了了解和测试的事项，摘录如下：

（1）华信食品股份有限公司的材料采购需要经授权批准后方可进行，采购部根据经批准的请购单发出订购单。货物运达后，验收单根据订购单的要求验收货物，并编制一式多联未连续编号的验收单。仓库根据验收单验收货物，在验收单上签字后，将货物移入仓库加以保管。验收单上有数量、品名和单价等要素。验收单一联交采购部登记采购明细账和编制付款凭单，付款凭单经批准后，月末交会计部；一联交会计部登记材料明细账；一联由仓库保留并登记材料明细账。会计部根据只附验收单的付款凭单登记有关账簿。采购合同规定，华信食品股份有限公司收货后须在 7 天内付款，逾期每天支付货款 5‰的违约金，严重的供货方停止供货。

（2）会计部审核付款凭单后，支付采购款项。华信食品股份有限公司授权会计部的经理签署支票，经理将其授权给会计人员王某负责，但保留了支票印章。王某根据已适当批准的凭单，在确定支票收款人名称与凭单内容一致后签署支票，并在凭单上加盖“已支付”的印章。注册会计师刘某与张某对付款控制程序的穿行测试表明，未发现与公司规定有不一致之处。

分析华信食品股份有限公司在采购与付款循环内部控制方面有哪些缺陷？应提出哪些建议？

分析：

华信食品股份有限公司采购与付款循环内部控制方面的缺陷有：

（1）验收单未连续编号，不能保证所有的采购都已记录或不被重复记录。应建议华信食品股份有限公司对验收单进行连续编号。

（2）付款凭单未附订购单及购货发票，会计部门无法核对采购事项是否真实，在登记有关账簿时，金额或数量可能会出现差错。应建议华信食品股份有限公司将订购单和发票与付款凭单一起交会计部门。

（3）会计部门月末审核付款凭单后才付款，未能及时将材料采购和债务登记入账并按约定时间付款。应建议华信食品股份有限公司采购部门及时将付款凭单交会计部门，按约定时间付款。

8.3 采购与付款循环主要项目审计

——如何对采购与付款循环的主要项目进行实质性测试？

8-3

cfo 要求你懂得

如何了解应付账款的公允性和合法性——应付账款审计

如何了解固定资产和累计折旧的公允性和合法性——固定资产审计

验证固定资产存在性的最有效的程序——实地观察

关键术语

应付账款（accounts payable）
固定资产审计（auditing of fixed assets）
累计折旧审计（accumulated depreciation audit）

采购与付款循环的项目包括应付账款、固定资产、投资性房地产、预付账款、工程物资、在建工程、固定资产清理和应付票据，下面详细阐述采购与付款循环的主要项目。

8.3.1 应付账款审计

应付账款是企业在正常经营过程中，因购买材料、商品和接受劳务供应与服务等经营活动而应付给供应商的款项。审计人员应结合赊购交易进行应付账款的审计。

1. 应付账款审计目标

应付账款的审计目标一般包括：

（1）确定期末应付账款是否存在（存在性认定）。

（2）确定期末应付账款是否为被审计单位应履行的偿还义务（权利与义务认定）。

（3）确定应付账款的发生及偿还记录是否完整（完整性认定）。

（4）确定应付账款是否以恰当的金额包括在财务报表中，与之相关的计价调整是否已经记录（计价认定）。

（5）确定应付账款的披露是否恰当（与列报和披露有关的认定）。

2. 应付账款实质性程序

应付账款实质性测试程序的内容包括：

（1）获取或编制应付账款明细表，并执行以下工作：

复核加计是否正确，并与报表数、总账数和明细账合计数核对是否相符。

（2）分析出现借方余额的项目，应查明原因，必要时建议被审计单位重做分类调整。

（3）检查非记账本位币应付账款的折算汇率及折算是否正确。

（4）结合预付账款、其他应付款等往来项目的明细余额，检查有无针对同一交易在应付账款和预付款项同时记账的情况、异常余额或与购货无关的其他款项，如关联方账户或雇员账户。

3. 根据被审计单位实际情况，选择以下方法对应付账款执行实质性分析程序

将本期期末应付账款余额与上期期末余额进行比较，分析波动原因。

分析长期挂账的应付账款，要求被审计单位做出解释，判断被审计单位是否缺乏偿债能力或利用应付账款隐瞒利润，并注意其是否可能无须支付。

计算应付账款与存货的比率、应付账款与流动负债的比率，并与以前年度相关比率进行对比分析，评价应付账款整体的合理性。

分析存货和营业成本等项目的增减变动，判断应付账款增减变动的合理性。

4. 函证应付账款

获取适当的供应商清单，例如：本期采购量清单、所有现存供应商名单或应付账款明细账。询问该清单是否完整，并考虑该清单是否应包括预期负债等附加项目。选取样本进行测试并执行如下程序：

（1）向债权人发送询证函。审计人员应对询证函保持控制，包括确定需要确认或填列的信息、选择适当的被询证者、设计询证函，包括正确填列被询证者的姓名和地址，以及被询证者直接向注册会计师回函的地址等信息，必要时再次向被询证者寄发询证函。

（2）将询证函余额与已记录金额相比较，如存在差异，检查支持性文件，评价已记录金额是否适当。

（3）对于未做回复的函证实施替代程序，如检查至付款文件（现金支出、电汇凭证和支票复印件）、相关的采购文件（采购订单、验收单、发票和合同）或其他适当文件。

一般情况下，函证应付账款并非必需测试程序，这是因为函证不能保证查出未记录的应付账款。但如果控制风险较高、某应付账款明细账户金额较大时，则仍然需要进行应付账款的函证。

提示

对应付账款的函证，最好采用积极函证方式，并且选择较大金额的债权人以及那些在资产负债表日金额不大（甚至为零），但为被审计单位重要供应商的债权人，作为函证对象。

【例 8-3】某会计师事务所的注册会计师孙某对华信食品股份有限公司的应付账款项目进行审计。根据需要，该注册会计师孙某决定对华信食品股份有限公司四个明细账户（见表 8-3）中的两个进行函证。

表 8-3　华信食品股份有限公司应付账款明细账户　　单位：万元

单位	应付账款年末余额	本年度进货总额
A 公司	250	480
B 公司	0	2 300
C 公司	450	550
D 公司	130	2 500

请问孙某应该选择哪两位供货商进行函证，为什么？

分析：孙某应该选择 B 公司和 D 公司进行应付账款余额的函证。因为函证客户的应付账款，主要目的在于查实有无未入账的负债，应选择两类函证对象：①审计期内有大额购货交易或期末账面余额较大；②在资产负债表日余额不大，甚至为零，而且是企业重要的供应商。本年度华信食品股份有限公司从B公司和D公司采购了大量商品，可知B公司和D公司都为重要供应商，但其对应的应付账款期末账面余额却很低，甚至为零，存在漏记负债业务的可能性更大。

5. 查找未入账的应付账款

审计人员应检查被审计单位是否存在为了低估负债而故意漏记应付账款的行为。通常通过以下程序进行测试：

（1）检查被审计单位在资产负债表日未处理不相符的购货发票（如抬头不符，与合同某项规定不符）及是否存在有材料入库凭证但未收到购货发票的经济业务。

（2）检查资产负债表日后收到的购货发票，关注购货发票的日期，确认其入账时间是否正确。

（3）检查资产负债表日后应付账款明细账贷方发生额的相应凭证，确认其入账时间是否正确。

（4）获取被审计单位与其供应商之间的对账单，并将对账单和被审计单位财务记录之间的差异进行调节（如在途款项、在途商品、付款折扣和未记录的负债），查找有无未入账的应付账款，确定应付账款金额的准确性。

（5）结合存货监盘程序，检查被审计单位在资产负债日前后的存货入库资料，检查是否有大额“货到单未到”的情况，确认相关负债是否计入了正确的会计期间。

6. 检查应付账款账户分类是否正确

结合预付账款明细账余额，查明是否存在应付账款和预付账款同时挂账的项目；结合其他应付款明细账余额，查明有无不属于应付账款的其他应付款。如有，应做出记录，必要时建议被审计单位重做分类调整或会计误差调整。

【例8-4】华信食品股份有限公司2017年12月31日资产负债表“应付账款”科目为480 000元，应付账款总账贷方余额480 000元，注册会计师刘某审计时发现：

应付A公司明细账户借方余额400 000元，属于正常交易的预付款项。

应付B公司明细账户贷方余额440 000元，为华信食品股份有限公司临时借入款项，用于结算工程价款。要求：如果你是注册会计师刘某，你将对被审计单位提出什么建议呢？

分析：

（1）A公司账户借方余额400 000元，属于正常经济业务往来款项，但金额较大，华信食品股份有限公司应规范预付款项的管理，因此应对此重做分类调整。综上所述，注册会计师刘某应建议被审计单位做如下调整：

借：预付账款——A公司　　　　400 000

　　贷：应付账款——A公司　　　　400 000

（2）按规定，不属于购销原因引起的应付款项不应计入“应付账款”科目核算。B公司账户贷方余额 440 000 元，为华信食品股份有限公司临时借入款项用于结算工程价款。因此，注册会计师刘某应建议被审单位做如下调整：

借：应付账款——B 公司

　　贷：其他应付款——B 公司

调整后华信食品股份有限公司 2017 年 12 月 31 日资产负债表“应付账款”科目余额应为 440 000=480 000−440 000+400 000 元。

7. 检查长期挂账的应付账款

检查长期挂账的应付账款的原因，做出记录。对确实无法支付的应付账款，看其是否按规定转入了营业外收入，相关依据和有关手续是否完备。

8. 检查存在关联方的款项

（1）了解交易的商业理由。

（2）检查证实交易的支持性文件（如发票、合同、协议及入库和运输单据等相关文件）。

（3）检查被审计单位与关联方的对账记录或向关联方函证。

9. 查明应付账款在资产负债表中的披露是否恰当

应根据“应付账款”和“预付账款”科目所属明细科目的期末贷方余额的合计数填列资产负债表中的“应付账款”科目。

8.3.2 固定资产和累计折旧审计

1. 固定资产审计

固定资产审计，是指审计机构依法对被审计单位固定资产的增减，使用的真实性、合法性和效益进行的审计监督。

（1）固定资产审计目标。固定资产的审计目标包括：

① 确定固定资产是否存在（存在性认定）。

② 确定固定资产是否归被审计单位所有（权利和义务认定）。

③ 确定固定资产及其累计折旧增减变动的记录是否完整（完整性认定）。

④ 确定固定资产的计价和折旧政策是否恰当，固定资产及其累计折旧的年末余额是否正确（估价和分摊认定）。

⑤ 确定固定资产及其累计折旧在会计报表中的披露是否恰当（与列报和披露相关的认定）。

（2）固定资产实质性测试程序。固定资产审计的范围很广，其实质性测试程序主要包括以下内容：

① 获取或编制固定资产和累计折旧分类汇总表。检查固定资产的分类是否正确并与总账数和明细账合计数核对是否相符，结合累计折旧、减值准备科目与报表数核对是否相符。如果不符，

则应将明细分类账和有关的原始凭证进行核对，查出差异原因并予以调整。固定资产及累计折旧分类汇总表如表 8-4 所示。

表 8-4 固定资产及累计折旧分类汇总表

固定资产及累计折旧分类汇总表

被审计单位： 编制： 日期：

报表日： 复核： 日期：

固定资产类别	固定资产				累计折旧					
	期初余额	本期增加	本期减少	期末余额	折旧方法	折旧率	期初余额	本期增加	本期减少	期末余额
1. 房屋建筑物 2. 机器设备 3. 运输工具 ……										
合计										

② 实施实质性分析程序。根据被审计单位业务的性质，选择以下方法对固定资产实施分析程序：

a. 分类计算本期计提折旧额与固定资产原值的比率，并与上期进行比较。

b. 计算固定资产修理及维护费用占固定资产原值的比例，并将本期各月、本期与以前各期的进行比较。

c. 计算累计折旧占固定资产原值的比例，与折旧率进行比较。

d. 计算当期计提折旧占固定资产原值的比例，与折旧率比较。

e. 计算固定资产减值准备占期末固定资产原值的比率，与期初该比率比较。

提示

审计人员应认真实施分析程序，深入分析相关差异，判断差异产生的原因是否合理。

③ 对重要固定资产进行实地观察。实施实地观察审计程序时，审计人员可以以固定资产明细分类账为起点，进行实地追查，以证明会计记录中所列固定资产确实存在，并了解其目前的使用状况；也可以以实地为起点，追查至固定资产明细分类账，以获取实际存在的固定资产均已入账的证据。

实施实地观察审计程序时，审计人员实地观察的重点是本期新增加的重要固定资产，有时观察范围也会扩展到以前期间增加的重要固定资产。

很多情况下，实地观察重要固定资产时，采取双向审查的方法，即以实地为起点追查和以明细账为起点追查，两者同时进行。

④ 验证固定资产的所有权或控制权。审计人员应获取和收集相关证据以确定固定资产是否确定为被审计单位所有；对外购的机器设备等固定资产，通常经审核采购发票和采购合同等予以确定；对于房地产类固定资产，需查阅有关的合同、产权证明、财产税单和抵押借款的还款凭据及保险单等书面文件；对融资租入的固定资产，应验证有关融资租赁合同；对汽车等运输设备，

应验证有关运营证件；等等。

⑤ 固定资产增加的审计。审计固定资产的增加，是固定资产实质性程序中的重要内容。固定资产的增加有多种途径，审计中应注意：

a. 询问被审计单位管理层当年固定资产的增加情况，并与获取或编制的固定资产明细表进行核对，确定增加的数量。

b. 检查本年度增加固定资产的计价是否正确，手续是否齐备，会计处理是否正确。要关注不同来源固定资产的计价方法。

⑥ 审查本期固定资产的减少。审查固定资产减少的主要目的就在于查明已减少的固定资产是否已做适当的会计处理。对各种固定资产的减少，审计重点是：审查减少固定资产的批准文件；审查减少固定资产是否进行技术检验或评估；审查减少固定资产的会计账务处理是否正确，累计折旧是否冲销；审查减少固定资产的净损益，验证其正确性与合法性，并与“银行存款”“其他收益”“营业外收支”“投资收益”等有关账户进行核对。

⑦ 检查固定资产的后续支出。检查固定资产的后续支出，最主要的是要确认后续支出是属于资本后支出还是费用化支出，确定固定资产有关的后续支出是否满足资产确认条件；如不满足，该支出是否在该后续支出发生时计入当期损益。

⑧ 调查闲置的固定资产。获取暂时闲置固定资产的相关证明文件，并观察其实际状况，检查是否已按规定计提折旧，相关的会计处理是否正确。

⑨ 检查固定资产的抵押、担保情况。结合对银行借款的检查，了解固定资产是否存在抵押和担保的情况，如存在，应取证和记录，并提请被审计单位做必要的披露。

⑩ 确定固定资产是否已按照《企业会计准则》的规定在财务报表中做出恰当披露。财务报表附注通常应说明：固定资产的标准、分类、计价方法和折扣方法；固定资产的预计使用寿命和预计净残值；固定资产在本期的增减变动情况；用作抵押、担保的固定资产的情况。

【例 8-5】某会计师事务所的注册会计师刘某在审查华信食品股份有限公司 2019 年固定资产折旧时，发现本年度 1 月初新增已投入生产使用的设备一台，原价为 800 000 元，预计净残值为 80 000 元，预计使用年限为 5 年，使用年数总和法对该项固定资产进行折旧，其余各类固定资产均用年限平均法进行折旧，华信食品股份有限公司对这一事项在财务报表附注中未做披露。

根据上述情况，注册会计师刘某应确定这一事项对华信食品股份有限公司资产负债表和利润表的影响，并提请华信食品股份有限公司在财务报表附注中做充分揭示。

分析：注册会计师刘某认为该公司的固定资产折旧方法本期出现不一致且未充分揭示，这是违反现行《企业会计准则》的，由此计算的该事项对资产负债表和利润表影响如下：

该设备用年数总和法计算的年折旧额 =（800 000−80 000）×5 ÷ 15=240 000 元

该设备用年限平均法计算的年折旧额 =（800 000−80 000）÷ 5=144 000 元

由于折旧方法的改变，使得本年度多提折旧额 240 000−144 000=96 000 元，致使资产负债表中的“累计折旧”项目增加 96 000 元，利润表中的“利润总额”减少 96 000 元。

对此，注册会计师刘某应要求华信食品股份有限公司在财务报表附注中做这样的揭示：本公司由于对原值 800 000 元、预计净残值 80 000 元、预计使用年限 5 年的设备采用年数总和法进行折旧，与采用年限平均法相比，使本年度的折旧额增加 96 000 元，利用总额减少 96 000 元。

2. 累计折旧审计

累计折旧审计就是对固定资产折旧的核对和审查。

（1）累计折旧审计目标。累计折旧是指在固定资产使用寿命内，按照确定的方法对应计折旧额进行系统分摊。累计折旧的审计目标主要包括：

① 确定折旧政策和方法是否符合国家有关的财务会计制度，是否一贯遵循。

② 确定累计折旧增减变动的记录是否完整。

③ 确定折旧费用的计算和分摊是否正确、合理和一贯。

④ 确定累计折旧的期末余额是否正确。

⑤ 确定累计折旧的披露是否恰当。

（2）累计折旧实质性测试程序。累计折旧的实质性测试程序主要包括以下几个方面：

① 获取或编制固定资产及累计折旧分类汇总表，复核加计正确，并与报表数、总账数和明细账合计数核对相符。

② 检查被审计单位制定的折旧政策和方法是否符合国家有关财务会计制度的规定，确定其所采用的折旧方法能否在固定资产使用年限内合理分摊其成本，前后期是否一致。

③ 分析程序。

a. 对折旧计提的总体合理性进行复核，方法是用应计提折旧的固定资产乘以本期的折旧率。

b. 计算本期计提折旧额占固定资产原值的比率，并与上期比较，分析本期折旧计提额的合理性和准确性。

c. 计算累计折旧占固定资产原值的比率，评估固定资产的老化率，并估计因闲置和报废等原因可能发生的固定资产损失。

④ 审查折旧的计提和分配。在审查折旧的计提和分配时，应注意有关折旧的会计处理是否符合规定，通过更新改造而增加的固定资产是否重新计算折旧费用。

⑤ 将“累计折旧”账户贷方的本期计提折旧额与相应的成本费用中的折旧费用明细账户的借方相比较，以查明所计提折旧金额是否已全部摊入本期产品成本或费用。

⑥ 结合固定资产审计，确定其折旧的计提是否正确无误，并追查至固定资产登记卡。特别应注意有无已提足折旧的固定资产继续超提折旧的情况和在用固定资产不提或少提折旧的情况。

⑦ 对于因资产评估调整累计折旧的，取得有关资产评估报告，检查其会计处理是否正确。

⑧ 验明累计折旧的披露是否恰当。

8.4 采购与付款循环其他项目审计

——如何对投资性房地产和预付账款进行审计？

cfo 要求你懂得

如何验证投资性房地产的合法性和公允性——投资性房地产审计

如何验证预付账款的合法性和公允性——预付账款审计

关键术语

投资性房地产（investment real estate）

预付账款（prepaid account）

8.4.1 投资性房地产审计

投资性房地产，是指为赚取租金或资本增值，或者两者兼有而持有的房地产。

1. 投资性房地产的审计目标

投资性房地产的审计目标一般包括：

（1）确定投资性房地产是否存在。

（2）确定投资性房地产是否归被审计单位所有。

（3）确定投资性房地产的增减记录是否完整。

（4）确定投资性房地产的计价方法是否恰当。

（5）确定采用成本模式计量的投资性房地产的折旧计提或摊销政策是否恰当。

（6）确定采用成本模式计量的投资性房地产的减值准备的计提方法是否正确，计提是否充分。

（7）确定采用成本模式计量的投资性房地产的减值准备增减变动的记录是否完整。

（8）确定采用公允价值模式计量的投资性房地产公允价值确定是否合理。

（9）确定投资性房地产累计折旧和投资性房地产减值准备的期末余额是否正确。

（10）确定投资性房地产累计折旧和投资性房地产减值准备的披露是否恰当。

2. 投资性房地产的实质性测试程序

投资性房地产的实质性程序包括：

（1）获取或编制投资性房地产明细表，复核加计正确，并与总账数和明细账合计数核对相符；结合累计摊销（折旧），投资性房地产减值准备科目与报表数核对相符。

（2）检查纳入投资性房地产范围的建筑物和土地使用权是否符合会计准则的规定。

（3）检查投资性房地产后续计量模式选用的依据是否充分，与上年政策进行比较，确定后续计量模式的一致性，如不一致，应详细记录变动原因。

（4）确定投资性房地产后续计量选用公允价值模式政策是否恰当，计算复核期末计价是否正确。

① 询问并获取相关资料，评价被审计单位确定公允价值采用方法的适当性和公允价值选用的合理性，包括公司的决策程序、公允价值的确定方法、估值模型的选择和披露的充分性。

② 被审计单位投资性房地产的后续计量，采用公允价值模式计价的期末，应逐项检查公允价值的确定依据是否充分，公允价值变动损益计算是否正确，会计处理是否正确，与公允价值变动损益科目中的相应数字核对相符。

③ 如果需利用专家等工作，应对专家的执业资格和胜任能力，工作结果等进行评价。

（5）投资性房地产后续计量选用成本计量模式，确定投资性房地产累计摊销（折旧）政策恰当，计算复核本年度摊销（折旧）的计提是否正确，通常包括以下方面：

① 了解被审计单位所使用的建筑物折旧率和土地使用权摊销率，确定其是否恰当。

② 确认被审计单位除已提足折旧的建筑物外，其他投资性房地产均已计提折旧和摊销。

③ 根据投资性房地产的平均水平测算全年的摊销（折旧）额，并与投资性房地产的累计折旧和摊销本期增加数相核对，如有差异需查明原因。

④ 将本期累计折旧和摊销金额与利润表其他业务支出中的相应数字核对无误。

（6）期末对成本计量的投资性房地产进行如下逐项检查，以确定投资性房地产是否已经发生减值。

① 核对投资性房地产减值准备本期与以前年度计提方法是否一致，如有差异需查明政策调整的原因，并确定政策改变对本期损益的影响，提请被审计单位做适当披露。

② 确有出现导致其可收回金额低于账面价值的情况，将可收回金额低于账面价值的差额作为投资性房地产减值准备予以计提，并与投资性房地产中的减值准备本期增加数相核对，如有差异需查明原因。

③ 将本期减值准备计提金额与利润表资产减值损失中的相应数字核对无误。

④ 检查投资性房地产减值准备是否按单项资产（或资产组）计提，计提依据是否充分、得到适当批准，减值损失是否没有转回。

（7）确定投资性房地产后续计量模式的转换恰当。

① 检查董事会等决议文件，确定后续计量模式改变的适当性、会计处理的正确性并提请被审计单位进行充分披露。

② 审查投资性房地产成本计量模式转为公允价值计量模式是否作为会计政策变更进行追溯，调整期初留存收益处理；采用公允价值计量模式的投资性房地产不得从公允价值计量模式转为成本计量模式。

（8）如被审计单位投资性房地产与其他资产发生相互转换的，应审查转换依据是否充分，是否经过有效批准，转换日房地产成本计量是否正确，会计处理是否正确。

① 复核在成本模式下，是否将房地产转换前的账面价值作为转换后的入账价值。

② 复核采用公允价值模式计量的投资性房地产转换为自用房地产时，是否以其转换当日的公允价值作为自用房地产的账面价值，公允价值与原账面价值的差额计入当期损益。

③ 自用房地产或存货转换为采用公允价值模式计量的投资性房地产时，投资性房地产按照转换当日的公允价值计价，转换当日的公允价值小于原账面价值的，其差额计入当期损益。转换当日的公允价值大于原账面价值的，其差额计入其他综合收益。

（9）获取租赁合同等文件，重新计算租金收入，并与利润表其他业务收入中的相应数字核对无误。

（10）检查本期对投资性房地产进行改良或装修的会计处理是否正确。

（11）检查有无与关联方的投资性房地产购售活动，是否经适当授权，交易价格是否公允。

（12）结合银行借款等项目的审计，了解建筑物和土地使用权是否存在抵押与担保情况。如有，则应详细记录并检查投资性房地产的保险情况。

（13）确定投资性房地产已恰当列报。

8.4.2 预付账款审计

预付账款是指企业按照购货合同的规定，预先以货币资金或货币等价物支付供应单位的款项。作为流动资产，预付账款不是用货币抵偿的，而是要求企业在短期内以某种商品、提供劳务或服务来抵偿。会计上通过“预付账款”科目进行核算，如果是预付账款业务较少的企业，也可以不设置“预付账款”账户，而通过“应付账款”的借方进行核算。

1. 预付账款的审计目标

预付账款的审计目标主要包括：

（1）确定预付账款是否存在。

（2）确定预付账款是否归被审计单位所有。

（3）确定预付账款增减变动的记录是否完整。

（4）确定预付账款是否可收回，坏账准备的计提是否恰当。

（5）确定预付账款年末余额是否正确。

（6）确定预付账款在会计报表上的披露是否恰当。

2. 预付账款的实质性测试程序

（1）核对预付账款明细账与总账的余额是否相符。

（2）获取或编制预付账款明细表，复核加计数额是否正确，同时请客户协助，在预付账款明细表上标出截至审计日已收到货物并冲销“预付账款”的科目。

（3）选择大额或异常的“预付账款”重要科目，函证年末余额的正确性，并根据回函情况编制函证结果汇总表；回函金额不符的，要查明原因做出记录或适当调整；未回函的，可再次复询，如不复询可采用替代方法进行检查，根据替代检查结果判断其债权的真实性或出现坏账的可能性。

（4）对未发询证函的预付账款，应抽查有关原始凭证。

（5）抽查入库记录，查核有无重复付款或将同一笔已付清的账款在“预付账款”和“应付账款”这两个科目同时挂账的情况。

（6）分析明细账余额，对于出现贷方余额的科目应查明原因，必要时重做分类调整。

（7）确定预付账款是否已在资产负债表上恰当披露。

9 生产与费用循环审计

应对生产与费用循环中的内部控制进行控制测试，并对相关项目进行实质性测试

CFO 导语

开展审计工作时，应该知道：

1. 生产与费用循环的主要业务活动是什么？涉及哪些会计记录与凭证？

2. 生产与费用循环的内部控制应如何设计？如何进行控制测试？

3. 如何对生产与费用循环的相关项目进行实质性测试？

本项目架构

- 生产与费用循环概述
  - 生产与费用循环内部控制和控制测试
    - 生产与费用循环主要项目审计

9.1 生产与费用循环概述

——生产与费用循环包括哪些业务活动？涉及哪些会计记录与凭证？

cfo 要求你懂得

生产与费用循环包括哪些业务活动——生产与费用循环的业务活动

生产与费用循环涉及哪些会计凭证和记录——生产与费用循环的会计凭证和记录

关键术语

生产与费用循环（production and cost cycle）

生产通知单（production order）

领发料凭证（receipt voucher）

产量和工时记录（production and time record）

工薪汇总表及工薪费用分配表（payroll summary and salary distribution table）

材料分配表（material distribution table）

成本计算单（cost calculation sheet）

产成品、半成品出入库凭据（out of warehouse credentials for finished products and semi-finished products）

存货明细账（stock book）

存货盘点凭据（inventory proof）

生产与费用循环，是指从收取货品开始，经过货品入库、收货和入库的会计处理及处理货品，再到进行生产过程中的成本会计，在产品或产成品入库，最后装运出厂的过程。生产与费用循环涉及的内容主要是存货的管理及费用归集和生产成本的计算。该循环所涉及的资产负债表项目主要是存货和应付职工薪酬，所涉及的利润表项目主要是营业成本。

9.1.1 生产与费用循环的主要业务活动

生产与费用循环是由原材料转化为产成品的有关活动所组成的，所涉及的主要业务活动包括以下内容：

1. 计划和安排生产

生产计划部门根据顾客订购单或者对销售的预测和产品需求分析决定是否生产。如果决定生产，需签发生产通知单。生产通知单应预先连续编号并加以记录。

在计划和安排生产时，还需要编制一份材料需求报告，列示所需要的材料、零件及其库存。

2. 发出原材料

仓库部门根据从生产部门收到的领料单发出原材料。领料单上必须列示所需的材料数量和种类，以及领料部门名称。领料单可以一料一单，也可以多料一单，通常需一式三联，一联交给领料部门，一联留在仓库登记材料明细账，一联交会计部门进行材料收发核算和成本核算。

3. 生产产品

生产部门在收到生产通知单及领取原材料后，将生产任务分解到每一个生产工人，并将所领取的原材料交给生产工人据以执行生产任务。完成生产任务后，生产工人将完成的产品交生产部门查点，然后转交检验员验收并办理入库手续，或是将所完成的产品移交下一个部门做进一步加工。

4. 核算产品成本

生产过程中的各种记录、生产通知单、领料单、计工单和入库单等文件资料都要汇集到会计部门，由会计部门对其进行核算、控制。根据企业实际情况，成本会计制度可以很简单，只在期末记录存货余额；成本会计制度也可以很完善，持续记录所有材料处理、在产品和产成品，并形成对成本差异的分析报告。

完善的成本会计制度，应提供原材料转为在产品，在产品转为产成品，以及按照成本中心、分批次生产任务通知单或生产周期消耗的材料、人工和间接费用的分配与归集的详细资料。

5. 入库及储存产成品

经过验收部门验收后的产成品入库，须由仓库部门先行点验和检查，然后签收。签收后，将实际入库数量通知会计部门。仓库部门据此确立了应承担的责任，并检验了验收部门的工作。仓库部门应根据产成品的品质特征将其分类存放，并填制标签。

6. 发出产成品

产成品的发出须由独立的发运部门进行。装运产成品时必须持有经核准的发运通知单，并据此编制出库单。出库单一般一式四联，一联交仓库部门，一联由发运部门留存，一联送交顾客，一联作为给顾客开发票的依据。

7. 盘点存货

管理人员编制盘点指令，安排人员对所有类别的存货实物进行定期盘点，将盘点结果与存货账面数量进行核对，调查差异并进行适当调整。

8. 计提存货跌价准备

企业财务部门应根据存货货龄分析表信息及相关部门提供的有关存货状况的信息，结合存货盘点过程中对存货状况的检查结果，对出现损毁、滞销和跌价等降低存货价值的情况进行分析计算，计提存货跌价准备。

9.1.2 生产与费用循环相关会计凭证与记录

内部控制比较健全的企业，处理生产与费用业务通常需要使用很多单据与会计记录。典型的生产与费用循环所涉及的主要单据与会计记录有以下几种（会计记录涉及的单据，可能因被审计单位的不同而名称不同）。

1. 生产通知单

生产通知单，也称“生产任务通知单”，即生产指令，是企业下达制造产品等生产任务的书面文件，用以通知供应部门组织材料发放，生产车间组织产品制造，会计部门组织成本计算。

2. 领发料凭证

领发料凭证是企业为控制材料发出所采用的各种凭证，如：材料发出汇总表、领料单、限额领料单、领料登记簿和退料单。材料发出汇总表、领料单、限额领料单、领料登记簿和退料单都属于领发料凭证，是企业为控制材料发出所采用的各种凭证。

3. 产量和工时记录

产量和工时记录是登记工人或生产班组在出勤时间内完成产品数量、质量和生产这些产品所耗工时数量的原始记录。常见的产量和工时记录主要有工作通知单、工序进程单、 工作班产量报告、产量通知单、产量明细表和废品通知单。

4. 工薪汇总表及工薪费用分配表

工薪汇总表及工薪费用分配表是企业进行工薪费用分配的依据。工薪汇总表是为了反映企业全部工薪的结算情况，并据以进行工薪总分类核算和汇总整个企业工薪费用而编制的。工薪费用分配表反映了各生产车间及各产品应负担的生产工人工薪及福利费。

5. 材料费用分配表及制造费用分配汇总表

材料分配表，是用来记录多种产品之间分配共耗材料费用的分配标准、分配率及分配金额的原始凭证。制造费用分配汇总表，是用来汇总记录生产车间各受益对象应负担制造费用金额的原始凭证。

6. 成本计算单

成本计算单，是用来归集某一成本计算对象所应承担的生产费用，计算成本计算对象的总成本和单位成本的记录单。

7. 产成品、半成品出入库凭据

产成品、半成品出入库凭据主要包括半成品入库单、半成品转移单、半成品出库单、产成品验收单、产成品入库单和产成品出库单。半成品入库单，是指经过一定生产过程并已检验合格但尚未制造完工成为产成品，仍需进一步加工的中间产品，交付半成品仓库保管时填制的原始凭证。半成品转移单，是指上一生产步骤完工的半成品，直接转入下一生产步骤继续加工过程中填制的原始凭证，证明上一生产部门和下一生产部门之间存在移交半成品的行为。半成品出库单，是指为加工产成品而领用已经入库的半成品时填制的原始凭证。产成品验收单是验收完工产品时所编制的凭证，列示加工合格的产品的种类和数量等内容。产成品入库单，是产品生产完成并经检验合格后从生产部门转入仓库的凭证。产成品出库单是根据经批准的销售单发出产成品的凭证。

8. 存货明细账

存货明细账，是用来反映各种存货增减变动情况和期末库存数量及相关成本信息的会计记录。

9. 存货盘点凭据

存货盘点凭据主要包括存货盘点指令、盘点表和盘点标签。存货盘点指令通常是企业管理人员编制的，对存货盘点的时间、人员、流程及后续处理等方面做出安排的书面文件。存货盘点表是在盘点过程中记录盘点结果的书面文件。存货盘点标签，是对已盘点存货及数量做出的标识。

生产与费用循环主要业务活动及会计记录如表 9-1 所示。

表 9-1　生产与费用循环主要业务活动及会计记录表

主要业务活动	对应的凭证与会计记录	相关主要部门
1. 计划和安排生产	生产通知单	生产计划部门
2. 发出原材料	材料发出汇总表、领料单、限额领料单、领料登记簿和退料单	仓库部门
3. 生产产品	生产通知单、生产加工指令单、产量和工时记录	生产部门
4. 核算产品成本	生产通知单、领料单、记工单、入库单、成本计算单、工薪汇总表及工薪费用分配表、材料分配表、制造费用分配总表和存货明细账	会计部门
5. 储存产成品	半成品入库单、半成品转移单、半成品出库单、产品验收单和产品入库单	仓库部门
6. 发出产成品	发运通知单和出库单	发运部门
7. 盘点存货	存货盘点指令、盘点表和盘点标签	仓库部门、生产部门
8. 计提存货跌价准备	存货可变现净值计算表、存货明细账	会计部门

9.2 生产与费用循环内部控制及控制测试

——生产与费用循环需要从哪些方面设计内部控制？如何进行控制测试？

cfo 要求你懂得

生产与费用循环如何设计内部控制——生产与费用循环的内部控制

如何了解生产与费用循环的内部控制——生产与费用循环的控制测试

关键术语

测试生产与存货循环内部控制（internal control of test production and inventory cycle）

9.2.1 生产与费用循环的内部控制

对于大部分被审计单位而言，生产与费用循环的内部控制主要包括：

（1）应根据经审批的月度生产计划书，由生产计划经理签发预先按顺序编号的生产通知单。

（2）领料单应当经生产主管批准，仓库管理员凭经批准的领料单发料；领料单一式三联，分别作为生产部门存根联、仓库联和财务联。仓库管理员应及时进行记录，把领料单编号、领用数量和规格等信息输入计算机系统，经仓储经理复核并以电子签名的方式确认后，系统自动更新材料明细台账。

（3）生产部门记录生产各环节所耗用工时数，包括人工工时数和机器工时数，并将工时信息输入生产记录日报表。生产成本记账员应根据原材料领料单财务联，编制原材料领用日报表，与计算机系统自动生成的生产记录日报表核对材料耗用和流转信息，由会计主管审核无误后，生成记账凭证并过账至生产成本及原材料明细账和总分类账。每月月末由生产车间与仓库核对原材料和产成品的转出和转入记录，如有差异，仓库管理员应编制差异分析报告，经仓储经理和生产经理签字确认后交会计部门进行调整。每月月末由计算机系统进行生产成本的各种分配，并生成产品成本计算表和生产成本分配表，由生产成本记账员编制成生产成本结转凭证，经会计主管审核批准后进行账务处理。

（4）产成品入库时，质量检验员应检查并签发预先按顺序编号的产成品验收单，由生产小组将产成品送交仓库，仓库管理员应检查产成品验收单并清点产成品数量，填写预先顺序编号的产成品入库单，经质检经理、生产经理和仓储经理签字确认后，由仓库管理员将产成品入库单信息输入计算机系统，计算机系统自动更新产成品明细台账并与采购订购单编号核对。

存货应存放在安全的环境中，未经授权的工作人员不得接触及处理存货。

（5）产成品出库时，由仓库管理员填写预先顺序编号的出库单，并将产成品出库单信息输入计算机系统，经仓储经理复核并以电子签名的方式确认后，计算机系统自动更新产成品明细台账并与发运通知单编号核对。产成品装运发出前，由运输经理独立检查出库单、销售订购单和发运通知单，确定从仓库提取的商品附有经批准的销售订购单，并且所提取商品的内容与销售订购单一致。每月月末生产成本记账员根据计算机系统内状态为“已处理”的订购单数量，编制销售成本结转凭证，结转相应的销售成本，经会计主管审核批准后进行账务处理。

（6）在进行存货盘点时，不能由负责保管存货的人员单独负责盘点存货，要安排不同的工作人员分别负责初盘和复盘。盘点表和盘点标签事先连续编号，发放给盘点人员时登记领用人员，盘点结束后回收并清点所有已使用和未使用的盘点表和盘点标签。汇总盘点结果与存货账面数量进行比较，调查分析差异原因，并对认定的盘盈和盘亏提出账务调整，经仓储经理、生产经理、财务经理和总经理复核批准后入账。

（7）生产部门和仓储部门应每月上报“残、冷、背、次”的存货明细，采购部门和销售部门每月上报原材料和产成品最新价格信息，财务部门据此分析存货跌价风险，并定期计算存货可变现净值，进而计算存货跌价准备，由财务经理和总经理复核批准入账。

【例 9-1】华信食品股份有限公司关于原料的购入、验收、储存和发出等程序的内部控制制度部分如下：

（1）原料存放于加锁的仓库内，库房人员包括一位主管和四名保管人员。生产车间以口头通知的形式从仓库领取材料。

（2）公司未建立永续盘存制度，因此仓库保管人员未记录原料的发出，而是在每月通过实地盘点存货来倒算本期的发出存货，存货盘点的程序比较完善。

（3）实地盘点结束后，仓库主管将盘点数量与预先确定的再订货点进行比较。如果某一原料低于再订货点，主管就将这种原料编号写在请购单上，然后送交采购部门，由采购部门负责材料的选购。

（4）在采购的原料运到公司时，由仓库保管员进行验收和清点，并与送货单上注明的数量、品种和规格进行核对。

要求：指出华信食品股份有限公司上述内部控制制度中存在的缺陷。

分析：

（1）从仓库领取材料，必须以书面通知为准，不能以口头通知代替。

（2）对于存货管理必须建立永续盘存制度，详细记录材料的“收、发、存”情况，否则容易出现存货被偷、被盗、监守自盗和责任不清的情况。

（3）由于只在月末进行盘点，因此在确定再订货时点时很可能不恰当，从而可能造成缺货而影响生产的正常进行。应当在建立永续盘存记录的基础上，将存货的账存数量与再订货量进行比较，以此来确定再订货的时点及数量。

（4）物资在验收入库之前，应当由质量检验部门进行检验。只有验收合格的物资才能办理入库手续。

9.2.2 生产与费用循环的控制测试

测试生产与存货循环内部控制是在了解与描述的基础上，对其在实际业务中的执行与实施情况进行检查和观察，以确定制定的内部控制与实际执行的是否相符。审计人员对生产与费用循环进行控制测试的程序主要有：

（1）检查凭证中的生产指令、领料单和工薪是否经过授权；检查存货入库是否有严格的验收手续，是否与合同和原始单证进行详细核对；检查存货的发出是否按规定办理，有无不按规定发出存货的情况。

（2）检查有关成本的记账凭证是否附有生产通知单、领发料凭证、产量和工时记录、工薪费用分配表、材料费用分配表和制造费用分配表，原始凭证的顺序编号是否完整。

（3）询问和观察存货与记录的接触控制以及相应的批准程序。

（4）询问和观察存货盘点程序。

（5）询问和观察存货的保管程序，观察是否只有经过授权批准人员才能接近存货。

（6）检查已经发生的存货购进、领用和发出的业务是否全部入账，有无入账的原始凭证。

（7）检查各种费用的归集和分配以及成本的计算是否正确，是否按照规定的成本核算流程进行核算和账务处理。

（8）检查是否所有已发生的“料、工、费”的耗费均已及时、准确地计入生产成本中，有无未入账的原始凭证。

（9）检查记录的工薪是否为实际发生。检查当期实际发生的工薪支出是否全部计入成本；工资分配表和工资汇总表是否完整反映实际已发生的工薪支出。

（10）询问和观察人事、考勤、工薪发放和记录等职务是否相互分离，以及各项职责的执行情况。

【例 9-2】注册会计师孙某是华信食品股份有限公司 2017 年度财务报表审计业务的项目合伙人。孙某将了解到的华信食品股份有限公司的内部控制情况记录在审计工作底稿中，部分内容摘录如下：

（1）根据经理审批的月度生产计划书，由生产经理签发预先按顺序编号的生产通知单。

（2）由质量控制人员检查每一生产阶段完工的存货，以确保其在送达产成品仓库前符合质量标准。

（3）会计部门的成本会计人员根据收到的生产通知单、领料单、计工单和入库单等文件资料，在月末编制原材料、人工与制造费用的分配表，以及完工产品与在产品成本分配表，并据以核算成本和登记相关账簿。

（4）由独立的装运部门装运货物，装运部门收到发运通知后，装运产成品出库。

（5）会计部门的人员在收到出库单和销售发票后，编制结转成本的会计分录，登记相应明细账。

（6）产成品仓库分别于每月、每季和年度终了，对产成品存货进行盘点，由会计部门对盘点结果进行复盘。仓库管理员应编写产成品存货盘点明细表，发现差异及时处理，经仓储经理和生产经理复核后调整入账。

针对所述的内部控制，注册会计师孙某应当实施的控制测试程序有哪些？

分析：

（1）抽取并检查生产通知单是否经过授权，编号是否连续。

（2）检查接收完工产品到产成品仓库的证据。

（3）抽取记录生产成本凭证测试各种费用的归集、分配以及成本计算，测试是否按照规定的成本核算流程和账务处理流程进行核算和账务处理。

（4）选取出库单，看是否有相应的发运通知单，询问和观察发运是否有独立的发运部门负责。

（5）抽取销售成本结转凭证检查与支持性文件是否一致并适当复核。

（6）抽取产成品存货盘点报告并检查是否经适当层次复核，有关差异是否得到处理。

9.3 生产与费用循环主要项目审计

——如何对生产与费用循环的主要项目进行实质性测试？

9-3

cfo 要求你懂得

如何了解存货的公允性和合法性——存货审计

如何了解应付职工薪酬的公允性和合法性——应付职工薪酬审计

验证存货是否账实相符的最有效的程序——监盘

关键术语

存货审计（inventory audit）
存货监盘（the supervision of inventory taking）
应付职工薪酬（salary payable for staff and workers）

生产与费用循环包括的项目主要有：存货、应付职工薪酬、物资采购、原材料、周转材料、库存商品、材料成本差异、存货跌价准备和管理费用。下面对存货项目和应付职工薪酬项目的审计进行详细阐述。

9.3.1 存货审计

存货审计是指对存货增减变动及结存情况的真实性、合法性和正确性进行的审计。存货审计直接影响着财务状况的客观反映，对于揭示存货业务中的差错弊端，保护存货的安全完整，降低产品成本和费用，提高企业经济效益，都具有十分重要的意义。

1. 存货审计目标

存货项目的审计目标主要包括：

（1）确定账面余额对应的存货是否真实存在（存在认定）。

（2）确定存货是否属于被审计单位（权利和义务）。

（3）确定属于被审计单位的存货是否均已入账（完整性认定）。

（4）确定存货的计价方法是否恰当、期末余额是否正确；存货的账面价值是否可以实现（计价和分摊认定）。

（5）确定存货在财务报表中的披露是否恰当（与列报和披露相关的认定）。

2. 存货的实质性测试程序

存货的实质性测试程序通常包含以下几方面的内容：

（1）获取或编制存货明细表。获取或编制存货明细表，复核加计是否正确，并与报表数、总账数和明细账合计数核对是否相符，同时抽查各存货明细账与仓库台账和卡片记录，检查是否相符。

（2）对存货实施分析程序。审计人员主要从以下方面对存货实施分析程序：

① 比较前后各期及本年度各月份存货余额及其构成、存货成本差异率、生产成本、直接材料成本和工资费用的发生额、制造费用、营业成本总额以及单位销售成本，评价其总体的合理性。

② 将存货余额与现有的订单、资产负债表日后各期的销售额和下一年度的预测销售额进行

比较，以评估存货滞销和跌价的可能性。

③ 将存货跌价准备与本年度存货处理损失的金额进行比较，判断本身及单位计提足额的跌价准备是否合理。

④ 计算本期的存货周转率和毛利率，并与以前期间进行比较。存货周转率是衡量销售能力和存货是否积压的指标。存货周转率异常波动可能意味着被审计单位存在有意或无意地减少存货储备，存货管理或控制程序发生变动等情况。毛利率通常用以衡量成本控制及销售价格的变化。毛利率的异常变动可能意味着被审计单位存在销售产品总体结构和单位产品成本发生变动等情况。

（3）存货监盘。存货监盘，是指审计人员现场观察被审计单位存货的盘点，并对已盘点的存货进行适当检查。如果存货对财务报表是重要的，注册会计师应当实施下列审计程序，对存货的存在和状况获取充分和适当的审计证据：

① 在存货盘点现场实施监盘（除非不可行）。

② 对期末存货记录实施审计程序，以确定其是否准确反映实际的存货盘点结果。

在存货盘点现场实施监盘时，注册会计师应当实施下列审计程序：

① 评价管理层用以记录和控制存货盘点结果的指令和程序。

② 观察管理层制定的盘点程序的执行情况。

③ 检查存货。

④ 执行抽盘。

存货监盘的目的在于获取有关存货数量和状况的审计证据，以确定被审计单位记录的所有存货确实存在，已经反映了被审计单位拥有的全部存货，并属于被审计单位的合法财产。存货监盘程序是存货审计实质性程序中的一项核心内容。

在实施存货监盘之前，审计人员应参与被审计单位存货盘点的事前规划，或向被审计单位索取存货盘点计划。一般来说，监盘的时间以会计期末前为优，如果被审计单位的盘点在会计期末以后进行，就必须编制从盘点日到期末的存货余额调节表。即使被审计单位的盘点在会计期末以后进行，也应尽量靠近会计期末。对于监盘的存货样本，应选取重要项目或典型存货项目，同时对可能过时或损坏的项目要仔细查询，并与被审计单位管理人员就疑虑问题交换意见。

在被审计单位盘点存货前，注册会计师应当观察盘点现场，确定应纳入盘点范围的存货是否已经适当整理和排列，并附有盘点标识，防止遗漏或重复盘点。

提示

对未纳入盘点范围的存货，注册会计师应当查明未纳入的原因。对于被审计单位存放或寄销在外地的存货，应纳入盘点的范围。对所有权不属于被审计单位的存货，注册会计师应当取得其规格、数量等有关资料，确定其是否已单独存放和标明，且未被纳入盘点范围。在存货监盘过程中，注册会计师应当根据取得的所有权不属于被审计单位存货的有关资料，观察这些存货的实际存放情况，确保其未被纳入盘点范围。

审计人员应认真做好监盘的准备工作。为防止被审计单位弄虚作假，有必要对其实行封存，封存可以采取贴封条、上锁、请人看守和请人代为保管等方式。审计人员应了解有关财产物资的内部控制和管理制度，对各项制度的遵循情况进行评价，发现存在的薄弱环节，明确盘点的重点。做好盘点的人员准备，通过召开盘点预备会议，将盘点计划或指令贯彻到每一个参与人员。通知被查部门，并要求其将有关物资盘点日的账面数核出，将已经发现的错误数剔除，并做好盘点的器具和表格文具的准备工作。

在监盘过程中，审计人员不得离开盘点现场，对有关人员所实施的盘点清查要实行全过程监控，既要看最终结果，也要认真观察其盘点过程。审计人员要特别注意一些重要的盘点环节，必要时可要求放慢速度或重复操作，演示其过程或者要求解释盘点的结果，也可以对有关盘点结果进行复核和清点。

审计人员对盘点的结果要如实记录，并执行有关手续，填写相关表格，写明盘点的实际数额，并签字。

在盘点全部结束之后，审计人员应当进行适当抽查，抽查范围通常包括所有盘点工作小组的盘点内容以及难以盘点或隐蔽性较强的存货。审计人员可以从存货盘点记录中选取项目追查至存货实物，以及从存货实物中选取项目追查至盘点记录，以获取有关盘点记录准确性和完整性的审计证据。

在存货监盘结束前，审计人员应当再次观察盘点现场，以确定所有应纳入盘点范围的存货是否均已盘点；取得并检查已填用、作废及未使用盘点表单的号码记录，确定其是否连续编号，查明已发放的表单是否均已收回，并与存货盘点的汇总记录进行核对。在盘点表格的手续办理完毕之后，还应将盘点的结果与有关账簿记录进行核对，确定是否账实相符，对于账实不符的情形，审计人员应结合其他审计环节，进一步进行调查研究。

存货监盘的步骤可以归纳为：制订监盘计划、确定盘点范围、实施监盘、实施抽盘和汇总监盘结果。

【例 9-3】注册会计师刘某对华信食品股份有限公司的存货实施监盘时，发现如下事项，请指出刘某在对以下情况应如何处理：

（1）了解到产品 A 存放在全国 16 个城市的零售连锁商店。

（2）观察到大风公司寄存的材料与华信食品股份有限公司自身的 B 材料并无区别，故未单独摆放。

（3）了解到华信食品股份有限公司对废品与毁损品不进行盘点，以财务部门和仓库部门的账面记录为准。

（4）注册会计师刘某抽点甲仓库，发现华信食品股份有限公司盘点严重有误。

（5）华信食品股份有限公司的存货储存在阳光公司的仓库，并已经被质押。

（6）了解到截至 12 月 31 日之前购入的在途存货没有纳入存货盘点表中。

分析：

（1）在评价 16 个城市的零售连锁商店内部控制的前提下，选择一定数目的连锁商店进行监盘。

（2）注册会计师应建议华信食品股份有限公司把代管和自身的存货单独摆放，并关注华信食品股份有限公司是否把代管的存货纳入存货盘点表中，是否以实际盘点数确认了B材料的数量。

（3）注册会计师应建议华信食品股份有限公司对废品和毁损品进行盘点，并标注其品质状态，把所有毁损、陈旧、过时及残次的存货详细情况记录下来，以便事后追查以及编制存货减值准备明细表。

（4）注册会计师应建议华信食品股份有限公司重新盘点甲仓库的存货，并记录相关的情况。同时测试抽查日或重新盘点日至资产负债表日之间发生的存货交易。

（5）注册会计师应当获取委托存货的书面确认函，如果存货已被质押，注册会计师应向债权人询证与被质押有关内容，如果此类存货重要，注册会计师可考虑与被审计单位讨论其为委托代管或已做质押存货的控制程序，必要时对此类存货实施监盘。

（6）检查存货购入的相关原始凭证和存货盘点表，确认在途存货的真实性以及是否纳入存货盘点表。

（4）存货计价测试。为验证财务报表上存货余额的真实性，需要对存货的计价进行审计，存货计价测试的主要目的是检查被审计单位所使用的存货单位成本是否正确。

存货监盘程序主要是对存货数量和状态的审计，存货计价测试主要是对存货价值的审计。

存货计价审计的主要内容包括以下几方面：

① 样本的选择。计价审计的样本，应从存货数量已经盘点，单价和总金额已经计入存货汇总表的结存存货中选择。选择样本时应着重选择结存余额较大且价格变化比较频繁的项目，同时考虑所选样本的代表性。

② 计价方法的确认。审计人员需要结合《企业会计准则》的基本要求和企业实际情况，审查被审计单位选择的计价方法是否适合。除此以外，审计人员还应对这种计价方法的合理性与一贯性予以关注，没有足够理由，计价方法在同一会计年度内不得变动。

③ 计价测试。进行计价测试时，审计人员首先应对存货价格的组成内容予以审核，然后按照所了解的计价方法对所选择的存货样本进行计价测试。审计人员应进行独立测试，以排除被审计单位已有计算程序和结果的影响。

注册会计师将计价测试的结果与被审计单位账面记录对比，编制对比分析表，分析形成差异的原因。如果差异过大，应扩大测试范围，并根据审计结果考虑是否应提出审计调整建议。

（5）存货截止测试。所谓存货截止测试，就是检查截止到12月31日，所购入并已包括在12月31日的存货盘点范围内的存货。存货正确截止的关键在于存货实物纳入盘点范围的时间与存货引起的借贷双方会计科目的入账时间都处于同一会计期间，例如当年12月31日购入的货物，并已包括在当年12月31日的实物盘点范围内，而购货发票是次年1月2日才收到，并已记入次年1月账内，当年的12月账上并无进货和对应的负债记录，这就少计了存货和应付账款；如果当年12月31日收到一张购货发票，并记入当年的12月账内，而这张发票所对应的存货实物却在次年1月3日才收到，未包括在当年年底的盘点范围内，这样就有可能虚减本年的利润。

存货截止测试的主要内容通常包括以下两方面：

① 抽查存货盘点日期前后的购货发票与验收报告或入库单，如果企业拥有对该存货的所有

权，则档案中的每张发票均应附有验收记录。12 月底入账的发票如果附有 12 月 31 日或之前的验收报告，则货物肯定已经入库，并包括在本年的实地盘点存货范围内；如果验收报告日期为 1 月份或之后的日期，则货物不会列入年底实地盘点存货范围内；反之，如果仅有验收报告而并无购货发票，则应认真审核每一验收报告单上面是否加盖暂估入库的印章，并以暂估价记入当年存货账内，待次年年初以红字冲销。

② 审阅验收部门的业务记录，凡是接近年底（包括次年年初）购入的货物，必须查明其对应的购货发票是否在同期入账，对于未收到购货发票的入库存货，是否将入库单分开存放并暂估入账。

9.3.2 应付职工薪酬审计

应付职工薪酬是企业根据有关规定应付给职工的各种薪酬，包括“工资、奖金、津贴、补贴”“职工福利”“社会保险费”“住房公积金”“工会经费”“职工教育经费”“解除职工劳动关系补偿”“非货币性福利”“其他与获得职工提供的服务相关的支出”等内容。通常情况下，职工薪酬是构成企业成本费用的重要项目，所以“应付职工薪酬”项目的审计十分重要。

1. 应付职工薪酬审计目标

应付职工薪酬审计是对涉及“应付职工薪酬”项目进行的审计。应付职工薪酬的审计目标主要包括：

（1）确定资产负债表中记录的“应付职工薪酬”是否存在（存在性认定）。

（2）所有应当记录的应付职工“薪酬是否均已”记录（完整性认定）。

（3）确定记录的“应付职工薪酬”是否为被审计单位应当履行的现时义务（权利与义务认定）。

（4）确定“应付职工薪酬”是否以恰当的金额包括在财务报表中，与之相关的计价调整是否已恰当记录（计价与分摊认定）。

（5）确定“应付职工薪酬”是否已按照《企业会计准则》的规定在财务报表中做出恰当列报（与列报和披露相关的认定）。

2. 应付职工薪酬的实质性测试程序

对于应付职工薪酬的实质性测试程序，通常包含的内容有以下几个方面：

（1）获取或编制“应付职工薪酬”明细表，复核加计正确，并与报表数、总账数和明细账合计数核对相符。

（2）对本期应付职工薪酬实行分析程序，主要分析的项目有：检查各月职工薪酬的发生额是否存在异常波动，若有，应查明波动原因并做出记录；将本期职工薪酬总额与上期进行比较，检查是否存在大幅增减变动的情况，若有，应要求被审计单位解释；了解被审计单位本期平均职工人数，计算人均薪酬水平，与上期或同行业水平进行比较。

（3）检查应付职工薪酬的核算内容是否完整，计算是否正确，分配方法是否合理，是否与上期一致。

（4）检查应付职工薪酬的范围和标准是否符合规定。

（5）审阅“应付职工薪酬”明细账，抽查“应付职工薪酬”各明细项目的支付和使用情况，检查是否符合有关规定，是否履行审批程序。

（6）检查被审计单位实行的工薪制度是否合法与合理。

（7）检查应付职工薪酬期末余额中是否存在拖欠性质的职工薪酬，若有，应了解拖欠的原因。

（8）确定“应付职工薪酬”在资产负债表中的披露是否恰当。

9.4 生产与费用循环其他项目审计

——如何对存货跌价准备和管理费用进行审计？ 154

9-4

cfo 要求你懂得

如何验证存货跌价准备的合法性和公允性——应收票据审计

如何验证管理费用的合法性和公允性——应交税费审计

关键术语

存货跌价准备（inventony falling price reserves）

管理费用（administration expense）

9.4.1 存货跌价准备审计

1. 存货跌价准备审计目标

存货跌价准备的审计目标主要包括：

（1）确定存货跌价准备的计提依据是否充分。

（2）存货跌价准备的计提方法是否合理。

（3）确定存货跌价准备的计提和存货损失的转销是否经过授权批准。

（4）确定存货跌价准备的计算是否正确。

（5）确定出售存货、核销存货跌价准备以及存货价值得以恢复时，相应的会计处理是否正确。

（6）确定存货跌价准备的披露是否恰当。

2. 存货跌价准备的实质性测试程序

存货跌价准备的实质性测试程序主要包括以下内容：

（1）获取或编制存货跌价准备明细表，复核加计是否正确，并与总账数和明细账合计数核对是否相符。

（2）检查存货跌价准备的计提和存货损失转销的批准程序，取得书面报告、销售合同或劳务合同等证明文件。

（3）评价存货跌价准备的计提依据和计提方法是否合理，是否充分地考虑了存货的目的及资产负债表日后事项的影响等因素。

（4）若被审计单位为建造承包商，对其执行中的建造合同，应检查预计总成本是否超过合同总收入，如果超过，跌价准备的计提是否合理，会计处理是否正确。

（5）比较本期实际损失发生数与前期存货跌价准备的余额，评价上期存货跌价准备计提的合理性。

（6）如果被审计单位出售或核销已经计提跌价准备的存货，应检查相应的会计处理是否正确。

（7）已计提跌价准备的存货价值又得以恢复的，是否在原已计提的跌价准备的范围内转回，依据是否充分，转回金额是否正确。

（8）检查被审计单位是否于期末对存货进行了检查分析，存货跌价准备的计算和会计处理是否正确。

（9）确定存货跌价准备的披露是否恰当。企业应当在财务报表附注中披露存货可变现净值的确定依据、存货跌价准备的计提方法、当期的存货跌价准备金额、当期转回的存货跌价准备金额以及计提和转回的有关情况。

9.4.2 管理费用审计

1. 管理费用的审计目标

管理费用的审计目标一般包括：

（1）确定利润表中记录的管理费用是否已发生，且与被审计单位有关。

（2）确定所有应当记录的管理费用是否均已记录。

（3）确定与管理费用有关的金额及其他数据是否已恰当记录。

（4）确定管理费用是否已记录于正确的会计期间。

（5）确定管理费用是否已记录于恰当的账户。

（6）确定管理费用是否已按照《企业会计准则》的规定在财务报表中做出恰当的列报。

2. 管理费用的实质性程序

（1）取得或编制管理费用明细表，复核加计是否正确，与报表数、总账数及明细账数合计数核对是否相符。

（2）检查管理费用的明细项目的设置是否符合规定的核算内容与范围，结合成本费用的审计，检查是否存在费用分类错误，若有，应提请被审计单位调整。

（3）对管理费用进行如下分析：

① 计算分析管理费用中各项目发生额及占费用总额的比率，将本期和上期管理费用各主要明细项目做比较分析，判断其变动的合理性。

② 将管理费用实际金额与预算金额进行比较。

③ 比较本期各月份管理费用，对有重大波动和异常情况的项目应查明原因，检查费用的开支是否符合有关规定，计算是否正确，原始凭证是否合法，会计处理是否正确，必要时做适当处理。

（4）将管理费用中的“职工薪酬”“无形资产摊销”“长期待摊费用摊销额”等科目与各有关账户进行核对，分析其勾稽关系的合理性，并做相应记录。

（5）选择管理费用中的重要明细项目做重点检查，并注意：

① 公司经费（包括行政管理部门职工薪酬、物料消耗、低值易耗品摊销、办公费和差旅费）是否系经营管理中发生或应由公司统一负担，检查相关费用报销内部管理办法，是否有合法原始凭证支持。

② 董事会费（包括董事会成员津贴、会议费和差旅费），检查相关董事会及股东决议，是否在合规范围内开支。

③ 业务招待费的支出是否合理，如超过规定限额，应在计算应纳税所得额时调整。

④ 差旅费支出是否符合企业开支标准及报销手续。

⑤ 检查中介机构费、咨询费（含顾问费），是否按合同规定支付费用，有无涉及诉讼及赔偿款项支出，并关注是否存在或有损失。

⑥ 检查诉讼费用并结合或有事项审计，检查涉及的相关重大诉讼事项是否已在附注中进行披露，还需进一步关注诉讼状态，判断有无或有负债，或是否存在损失已发生而未入账的事项。

⑦ 无形资产的摊销额和筹建期间内发生的开办费核算是否符合规定，筹建期间发生的开办费（包括人员工资、办公费、培训费、差旅费、印刷费、注册登记费以及不计入固定资产成本的借款费用）是否直接计入管理费用。

⑧ 支付外资机构的特许权使用费支出是否超过规定限额，必要时应建议做纳税调整。

⑨ 上交母公司或其他关联方的管理费用是否有合法的单据及证明文件。

⑩ 复核本期发生的矿产资源补偿费是否正确。

⑪ 对未被审计单位行政管理部门等发生的大额固定资产修理费，关注其产生原因。

⑫ 检查库存现金和存货等流动资产盘盈、盘亏处理是否符合规定。

⑬ 针对特殊行业，检查排污费等环保费用是否合理计提。

⑭ 检查大额支出、不均匀支出和有疑问支出的内容和审批手续、权限是否符合有关规定。

⑮ 对管理费用中的支出内容，关注有无不正常开支。

（6）抽取资产负债表日前后若干天的一定数量的凭证，实施截止性测试，对于重大跨期项目，应做必要调整。

（7）检查管理费用是否已按照《企业会计准则》的规定在财务报表中做出恰当的列报。

10 投资与筹资循环审计

应对投资与筹资循环中的内部控制进行控制测试，并对相关项目进行实质性测试

CFO 导语

开展审计工作时，应该知道：

1. 投资与筹资循环的主要业务活动是什么？涉及哪些会计记录与凭证？

2. 投资与筹资循环的内部控制应如何设计？如何进行控制测试？

3. 如何对投资与筹资循环的主要项目进行实质性测试？

本项目架构

- 投资与筹资循环概述
- 投资与筹资循环内部控制及控制测试
- 投资与筹资循环主要项目审计

10.1 投资与筹资循环概述

——投资与筹资循环包括哪些业务活动？涉及哪些会计记录与凭证？

cfo 要求你懂得

投资与筹资循环包括哪些业务活动——投资与筹资循环的业务活动

投资与筹资循环涉及哪些会计凭证和记录——投资与筹资循环的会计凭证和记录

关键术语

投资与筹资循环（investment and circulation）
股票（shares）
债券（bond）
股票或债券登记簿（stock or bond register）
债券合同（bond contract）
投资协议（investment agreement）

投资与筹资循环是从发行长期债券和股票开始，支付利息和股利、赎回证券及支付到期债券，进行融资业务的会计处理，最后进行利息与股利支付的详细簿记及正确填写税务报表的过程。

投资与筹资循环由投资活动和筹资活动的交易事项构成。投资活动是指企业为享有被投资单位分配的利润，或为谋求其他利益，将资产让渡给其他单位而获得另一项资产的活动。筹资活动是指企业为满足生存和发展的需要，通过改变企业资本、债务规模及构成而筹集资金的活动。

相对于其他循环，投资与筹资循环有以下特征：

其一，审计年度内的交易数量较少，而每笔交易的金额通常较大。

其二，必须遵守国家法律、法规和相关契约的规定。

其三，漏记或不恰当地对一笔业务进行会计处理，将会导致重大错误，从而对企业财务报表的公允反映产生较大的影响。

10.1.1 投资与筹资循环的主要业务活动

1. 投资活动的主要业务

投资活动的主要业务有：

（1）授权审批。投资业务一般应由企业董事会进行审批，重大的投资业务须经股东会或股东大会批准。

（2）收取和保存有价证券。投资经办人按照指令进行投资，取得股权、股票、债券或房产等投资项目，办理相关的交割或过户手续。

（3）登记入账。取得投资后，相关合同、过户手续和资金支出凭据传递到财务部门，据以登记入账。

（4）取得投资收益。按照投资协议的规定，定期或到期收到投资收益，并按持有目的不同、持有股份不同选择相应的账务处理方法登记入账。

（5）转让证券或收回其他投资。根据授权或批准文件，经办人员签订合同处置投资项目收回投资。企业可以通过转让证券实现投资的收回；其他投资一经投出，一般不得抽回投资。

2. 筹资活动的主要业务

筹资活动的主要业务有：

（1）授权与批准。企业通过借款筹集资金需经管理层的审批，企业发行股票必须依据国家相关法律、法规或企业章程的规定，报经企业最高权力机构及国家有关管理部门批准。

（2）签订合同或协议。向银行或其他金融机构融资须签订借款合同；发行债券须签订债券契约、债券承销或包销合同；发行股票须公告招股说明书，制作认股书，签订承销或包销协议。

（3）取得资金。企业实际取得银行或金融机构划入的款项或债券、股票的融入资金。

（4）计算利息或股利。企业应按有关合同或协议的规定及时计算利息或股利。

（5）偿还本息或发放股利。银行借款或发行债券应按有关合同或协议的规定偿还本息，对融入的股本根据股东大会的决定发放股利。

10.1.2 投资与筹资循环的相关会计凭证与记录

1. 投资活动涉及的会计记录与凭证

投资活动涉及的会计记录与凭证主要包括：

（1）股票或债券。债券是指公司依据法定程序发行，约定在一定期限内还本付息的有价证券；股票是指股份公司发行的所有权凭证，是股份公司为筹集资金而发行给各个股东作为持股凭证并借以取得股息和红利的一种有价证券。

（2）股票或债券登记簿。股票或债券登记簿是投资方对股票或债券发行人的各项情况进行详细记录的簿藉，是对会计账簿的有效补充。通过查阅股票或债券登记簿或向接受投资者函证，可证明企业投资的真实性。

（3）经纪人通知单。当投资通过经纪人代理进行时，经纪人通知投资方投资情况的书面文件。

（4）债券合同。债券合同是一张明确债券持有人与发行企业双方所拥有的权利与义务的法律性文件。

（5）投资协议。投资协议指的是由股东一方决定入股某公司时，双方签订的载明各自权利义务的协议书。

（6）与投资有关的记账凭证、会计明细账和总账。

2. 筹资活动涉及的会计凭证与记录

筹资活动涉及的会计记录和凭证主要有：

（1）债券、股票、股本凭证。股票是公司签发的证明股东所持股份的凭证；债券是公司依据法定程序发行和约定在一定期间内还本付息的有价证券。股本凭证指公司签发的证明股东所持股份的凭证。

（2）债券契约、股东名册。债券契约是指载明债券持有人与发行企业双方所拥有的权利与义务的法律性文件。股东名册是指记载股东的凭证，其内容包括：股东的姓名或名称及住所、股份数、股票编号和取得日期。

（3）公司债券存根簿。公司债券存根簿指记载债券持有人的凭证，其内容包括：债券持有人的名称及住所；取得日期及编号；债券总额、利率和还本付息的期限和方式；发行日期；等等。

（4）承销或包销协议。公司向社会公开发行股票或债券时，应由依法设立的证券公司承销或包销，公司应与证券公司签订承销或包销协议。承销或包销协议是指筹资公司与证券公司之间签订的，载明承销方式还是包销方式，以及一切相关具体事宜的书面文件。

（5）有关记账凭证、会计明细账和总账。

10.2 投资与筹资循环内部控制及控制测试

——投资与筹资循环需要从哪些方面设计内部控制？如何进行控制测试？

cfo 要求你懂得

投资与筹资循环如何设计内部控制——投资与筹资循环的内部控制

如何了解投资与筹资循环的内部控制——投资与筹资循环的控制测试

关键术语

投资业务的职责分离制度（separation of responsibilities of investment business）

10.2.1 投资与筹资循环的内部控制

1. 投资活动的内部控制

投资活动的内部控制主要包括：

（1）投资计划的审批授权控制。按照公司章程的规定，投资计划应由董事会或者股东会决议通过。

（2）投资业务的职责分离控制。投资业务的职责分离制度，是指在投资业务中的授权、执行、会计记录以及投资资产的保管等方面都有明确的分工，不得由一人同时负责上述任何两项工作。比如投资计划的编制人员与投资的审批人员相分离；投资业务的操作人员与会计人员相分离；有价证券的保管人员与会计记账人员相分离；参与投资交易活动的人员不能同时负责有价证券的盘点工作；等等。

（3）投资资产的安全保护控制。企业自行保管有价证券实物时，应当规定必须将其存放在银行保险箱或专门的保管库内，只有经过授权的人员才能接触证券。证券保管人员必须设置证券登记簿，对于任何证券的存入或取出，都要根据经过复核和批准的原始凭证记录详细情况，并由所有经手人员签名，证券登记簿应与会计部门的投资明细账定期由专人核对。企业自行保管有价证券实物，要由与投资业务无关的人员定期对证券进行核对或实地盘点，盘点工作必须由两名以上人员共同进行。企业也可以委托独立的专门机构保管有价证券实物，如银行、证券公司和信托投资公司。

（4）投资业务的会计记录控制。企业应按货币资金的管理要求对有价证券进行管理；实行账证分管，即由会计部门管账、出纳部门管证。当业务人员提取有价证券时，出纳人员应按正规手续办理。

（5）投资收益控制。企业应关注投资收益发放公告，及时核对并记录投资收益，应安排专人对投资收益进行记录及审核。

2. 筹资活动的内部控制

筹资活动的内部控制主要包括以下几个方面：

（1）职责分离控制。职责分工和明确责任是筹资循环内部控制的重要手段，筹资业务中的不相容岗位至少包括：筹资方案的拟订与决策，筹资合同或协议的审批与订立，与筹资有关的各种款项偿付的审批与执行，筹资业务的执行与相关会计记录。

（2）授权审批控制。企业应当对筹资业务建立严格的授权批准制度，明确授权批准方式、程序和相关控制措施，规定审批人的权限、责任以及经办人的职责范围和工作要求。

（3）筹资收入款项控制。为防止可能发生的以筹资业务为名的不正当活动，企业最好委托独立的代理机构进行筹资。

（4）偿付利息和支付股利等付出款项的控制。企业可开出单张支票，委托有关代理机构代发，从而减少支票签发次数，降低舞弊可能。股利发放要以股东会或股东大会有关发放股利的决议文件作为依据。

（5）实物保管控制。债券和股票都应设立相应的登记簿，详细登记已核准发行的债券和股票的有关事项。

（6）会计记录的控制。企业应及时按正确的金额采用合理的方法，在适当的账户和合理的会计期间对筹资业务予以正确记录。

3. 筹资活动的控制测试

筹资活动控制测试的主要内容如下：

（1）筹资活动是否经过授权批准。索取借款的授权批准文件，检查借款合同或协议，检查审批手续是否齐全。检查债务偿还和股利支付的董事会决议，检查债券的偿还和回购以及股利支付是否由董事会授权，比如对于长期借款，审查被审计单位管理层是否制定借款政策及审批程序，是否审慎做出借款决策，是否制订合理的借还款计划，并按规定程序报经审批。

（2）筹资活动是否职务分离，是否有严格的实物保管制度。对于职务分离控制的测试可以采取询问和跟踪业务的方法调查情况；对实物保管控制的测试可以采取实地调查的方法。

（3）收入资金和偿还款项是否符合规定。该部分测试可以结合货币资金业务的内部控制测试进行。

（4）筹资活动是否建立了严密的账簿体系和记录制度，并定期检查。此项测试应采取账务追索搜集证据的方法，如对于长期借款取得、使用和偿还情况，会计记录是否能够及时和完整地反映，会计人员是否对明细账和总账进行了全面登记，并定期检查和核对其是否相符。

10.2.2 投资与筹资循环的控制测试

1. 投资活动的控制测试

投资活动的控制测试主要包括：

（1）投资项目是否经授权批准，投资金额是否及时入账。审计人员可通过查阅有关计划资料、文件或直接向管理层询问进行审查。

（2）是否与被投资单位签订投资合同或协议，是否获得被投资单位出具的投资证明，有价证券的买卖是否经恰当授权。

审计人员可以通过查阅相关资料文件的方式进行测试，如查阅董事会的会议纪要，证券投资的各类权益证明文书，联营投资中的投资协议、合同和章程。

（3）各项资产的保管措施是否有效；是否定期盘点各项资产并与会计记录核对。审计人员应采取审阅内部人员对有价证券进行定期盘点报告的方式进行测试。

（4）投资的核算方法是否符合有关财务会计制度的规定，相关的投资收益会计处理是否正确，手续是否齐全。

审计人员可从各类投资业务的明细账中抽取部分会计分录，按“原始凭证—明细账—总账”顺序核对有关数据的情况，判断其会计处理过程是否合规完整。

（5）投资项目的授权、执行、保管和记录是否有严格分工。对于职务分离的测试，审计人员可以采取实地调查和跟踪业务的方法进行。

2. 筹资活动的控制测试

筹资活动控制测试的主要内容如下：

（1）筹资活动是否经过授权批准。索取借款的授权批准文件，检查借款合同或协议，检查审批手续是否齐全。检查债务偿还和股利支付的董事会决议，检查债券的偿还和回购以及股利支付是否由董事会授权，如对于长期借款，审查被审计单位管理层是否制定借款政策及审批程序，是否审慎做出借款决策，是否制订合理的借还款计划，并按规定程序审批。

（2）筹资活动是否职务分离，是否有严格的实物保管制度。对于职务分离控制的测试可以采取询问和跟踪业务的方法调查情况；对实物保管控制的测试可以采取实地调查的方法调查情况。

（3）收入资金和偿还款项是否符合规定，该部分测试可以结合货币资金业务的内部控制测试进行。

（4）筹资活动是否建立了严密的账簿体系和记录制度，并定期检查。

提示

此项测试应采取账务追索搜集证据的方法，如对于长期借款取得、使用和偿还情况，会计记录是否能够及时、完整地反映，会计人员是否对明细账和总账进行了全面登记，并定期检查和核对其是否相符。

10.3 投资与筹资循环主要项目审计
——如何对投资与筹资循环的主要项目进行实质性测试？

cfo 要求你懂得

如何了解长期股权投资的公允性和合法性——长期股权投资审计

如何了解交易性金融资产的公允性和合法性——交易性金融资产审计

如何了解借款的公允性和合法性——借款审计

如何了解所有者权益的公允性和合法性——所有者权益审计

关键术语

交易性金融资产（transactional financial assets）

长期股权投资（long-term equity investment）

借款（loan）

所有者权益（owner's equity）

股本（equity）

投资与筹资循环的主要项目审计包括长期股权投资、交易性金融资产、短期借款、长期借款、实收资本、资本公积、盈余公积、应付股利、财务费用、其他应收款、其他应付款、无形资产、营业外收支、公允价值变动损益和递延所得税资产以及递延所得税负债，下面就主要项目的审计工作进行详细讲解。

10.3.1 投资审计

1. 长期股权投资审计

交易性金融资产，是指企业为了近期出售而持有的金融资产。

（1）交易性金融资产的审计目标。

① 确定交易性金融资产是否存在且归被审计单位所有（存在性认定、权利与义务认定）。

② 确定交易性金融资产的计价是否正确，期末余额是否正确（计价与分摊认定）。

③ 确定交易性金融资产的增减变动及其损益的记录是否完整（完整性认定）。

④ 确定交易性金融资产的列报与披露是否恰当（与列报和披露相关的认定）。

（2）交易性金融资产的实质性测试程序。

注册会计师对交易性金融资产的实质性测试程序包括：

① 获取或编制交易性金融资产明细表，复核加计正确并与报表数、总账数和明细账合计数核对相符。核对期初余额与上期审定期末余额是否相符。

② 获取股票、债券及基金、期货（如有）账户对账单与明细账余额核对，需要时向证券公司发函询证，注意期末资金账户余额会计处理是否正确。

③ 监盘库存有价证券并与相关账户余额进行核对，如有差异，应查明原因做出记录或进行适当调整。对在外保管的有价证券，查阅有关保管的证明文件，需要时向保管人函证。

④ 检查被审计单位对交易性金融资产的分类是否正确，是否符合《企业会计准则》的相关要求。

⑤ 查阅有关交易性金融资产的协议、合同、董事会决议及有关出资的凭证和记录，检查交易性金融资产购入、借出或兑现的原始凭证是否完整。取得证券交易账户流水单，对照账面记录是否完整，检查购入证券是否有本企业控股公司的股票。

⑥ 检查交易性金融资产持有期间对收到被投资单位宣告发放的股利或债券利息的会计处理是否正确；检查资产负债表日，交易性金融资产公允价值与其账面余额差额的会计处理是否正确。

⑦ 抽取交易性金融资产增加及减少项目的记账凭证，检查其原始凭证是否完整合法，会计处理是否正确。

⑧ 验明交易性金融资产的列报和披露是否恰当。

2. 交易性金融资产审计

长期股权投资是指企业持有的权益法或成本法核算的长期股权投资。

（1）长期股权投资的审计目标。长期股权投资的审计目标主要包括：

① 确定资产负债表中列示的长期股权投资是否存在（存在性认定）。

② 确定所有应当列示的长期股权投资是否均已列示（完整性认定）。

③ 确定列示的长期股权投资是否由被审计单位拥有或控制（权利与义务认定）。

④ 确定长期股权投资是否以恰当的金额包括在财务报表中，与之相关的计价调整是否已恰当记录（计价与分摊认定）。

⑤ 确定长期股权投资是否已按照《企业会计准则》的规定在财务报表中做出恰当列报（与披露和列报相关的认定）。

（2）长期股权投资的实质性测试程序。长期股权投资的实质性测试程序包括：

① 获取或编制长期股权投资明细表，复核加计正确，并与总账数和明细账合计数核对相符；

结合长期股权投资减值准备科目与报表数核对相符。

② 根据有关合同和文件，确认股权投资的股权比例和持有时间，检查股权投资核算方法是否正确。

③ 对于重大的投资，向被投资单位函证被审计单位的投资额、持股比例及被投资单位发放股利等情况。

④ 对于应采用权益法核算的长期股权投资，获取被投资单位已经审计人员审计的年度财务报表，如果未经审计，则应考虑对被投资单位的财务报表实施以下审计或审阅程序：

复核投资收益时，应以取得投资时被投资单位各项可辨认净资产的公允价值为基础，对被投资单位的净利润进行调整后加以确认；被投资单位采用的会计政策及会计期间与被审计单位不一致的，应当按照被审计单位的会计政策及会计期间对被投资单位的财务报表进行调整，据以确认投资损益。

将重新计算的投资收益与被审计单位所计算的投资收益相核对，如有重大差异，则查明原因，并提出适当的审计调整建议。

检查被审计单位按权益法核算长期股权投资，包括确认应分担被投资单位发生的净亏损。审计时，应检查被审计单位会计处理是否正确。

⑤ 检查除净损益以外被投资单位所有者权益的其他变动，是否调整计入所有者权益。

⑥ 对于采用成本法核算的长期股权投资，检查股利分配的原始凭证及分配决议等资料，确定会计处理是否正确；对被审计单位实施控制而采用成本法核算的长期股权投资，比照权益法编制变动明细表，以备合并报表使用。

⑦ 对于成本法和权益法相互转换的，检查其投资成本的确定是否正确。

⑧ 确定长期股权投资的增减变动记录是否完整；检查本期增加的长期股权投资，追查至原始凭证及相关的文件或决议及被投资单位验资报告或财务资料；确认长期股权投资是否符合投资合同和协议的规定并已确实投资，会计处理是否正确；检查本期减少的长期股权投资，追查至原始凭证，确认长期股权投资的收回是否有合理的理由及授权批准手续，并已确实收回投资，会计处理是否正确。

⑨ 期末对长期股权投资进行逐项检查，以确定长期股权投资是否已经发生减值。

⑩ 结合银行借款的检查，了解长期股权投资是否存在质押和担保情况，如有，则应详细记录，并提请被审计单位进行充分披露。

⑪ 确定长期股权投资在资产负债表中已恰当列报。

【例 10-1】注册会计师刘某在审计华信食品股份有限公司 2017 年度财务报表时，发现 2017 年 2 月 15 日华信食品股份有限公司通过发行 5 000 万公司普通股（每股面值 1 元）取得大岗公司 25% 的股权，该 5 000 万股股份的公允价值为 8 400 万元。为发行股份，华信食品股份有限公司向证券公司支付了 280 万元的佣金和手续费。假定华信食品股份有限公司取得该部分股权后，能够对大岗公司的生产经营决策施加重大影响。华信食品股份有限公司对此业务活动确定了长期股权投资 8 680 万元（8 400+280），所以华信食品股份有限公司的账务处理是：

借：长期股权投资　　　　　　86 800 000

　　贷：股本　　　　　　　　　　　86 800 000

分析：

注册会计师刘某认为上述账务处理是错误的，发行权益性证券过程中的佣金和手续费不应计入长期股权投资的成本，而应直接冲减发行收入，因此华信食品股份有限公司这项账务处理虚增了长期股权投资的成本。正确的账务处理应该是：

借：长期股权投资　　　　　　　　84 000 000

　　贷：股本　　　　　　　　　　　　　50 000 000

　　　　资本公积——股本溢价　　　　　34 000 000

同时，借：资本公积——股本溢价　2 800 000

　　　　贷：银行存款　　　　　　　　　2 800 000

因此，注册会计师刘某应建议华信食品股份有限公司调整该笔账务，并做如下调整分录：

借：股本　　　　　　　　　　　　34 000 000

　　贷：资本公积——股本溢价　　　　　31 200 000

　　　　银行存款　　　　　　　　　　　2 800 000

10.3.2　借款与所有者权益审计

1. 借款审计

借款是企业承担的一项经济义务，是企业的负债项目。在一般情况下，被审计单位不会高估负债，因为这样于自身不利，且难以与债权人的会计记录相互印证；其次，除少数情况下，负债的金额都是真实的。注册会计师对于负债项目的审计，主要是防止企业低估负债。低估负债经常伴随着低估成本，从而达到高估利润的目的。因此注册会计师在执行借款业务审计时，应将被审计单位是否低估负债作为一个关注的重点。

（1）借款的审计目标。借款的审计目标包括：

① 确定被审计单位在特定期间内发生的借款业务是否均已记录完毕。

② 确定被审计单位所记录的借款在特定期间是否确实存在，是否为被审计单位所承担。

③ 确定被审计单位所有借款的会计处理是否正确。

④ 确定被审计单位各项贷款的发生是否符合有关法律的规定，被审计单位是否遵守了有关债务合同的规定。

⑤ 确定被审计单位借款余额在有关财务报表中的反映是否恰当。

（2）短期借款的实质性测试程序。对于短期借款的实质性测试程序，主要包括以下内容：

① 获取或编制短期借款明细表，复核加计正确，并与报表数、总账数和明细账合计数核对是否相符，核对期初余额与上期审定期末余额是否相符；检查短期借款分类是否正确。

② 短期借款执行分析程序：计算借款平均实际利率并同以往年度及市场平均利率相比较；根据借款平均余额、平均借款利率测算当期利息费用和利息，并与账面记录进行比较；比较当年度与以往年度的借款总额、利息支出费用、利息支出占借款余额的比例和借款平均实际利率，如有异常情况，需查明原因。

③ 函证短期借款的实有数。审计人员应在期末短期借款余额较大或认为必要时向银行或其他债权人函证短期借款，比如审计人员在执行各项审计程序中，最能够证实短期借款完整性的一项程序就是向被审计单位所有的银行发函询证，因为被审计单位只要向银行借款就会在银行有开户，通过函证可以有效地发现漏记的短期借款。

④ 检查短期借款的增减。对年度内增加的借款，审计人员应检查借款合同和授权批准，了解借款数额、借款条件、借款日期、还款期限和借款利率，并与相关会计记录相核对。对年度内减少的短期借款，审计人员应检查相关记录和原始凭证核实还款数额。审计人员应检查相关记录和原始凭证，检查被审计单位有无到期未偿还的借款，如果有，是否已办理了续借或延期手续，若未办理，是否有抵押，还应关注是否有贷款人起诉，以及抵押物的处理情况。

⑤ 复核短期借款利息。审计人员应根据短期借款的利率和期限，复核被审计单位短期借款的利息计算是否正确。

⑥ 检查短期借款的列报与披露是否恰当充分。

【例 10-2】审计人员孙某在对华信食品股份有限公司负债业务进行审查时，发现该公司于 2017 年 4 月 1 日从海淀工商银行取得流动资金借款 200 000 元，期限是 3 个月，借款月利率为 5.5‰，该公司的会计处理为：

取得借款时：

借：银行存款　　　　　　　　200 000

　　贷：短期借款　　　　　　　　200 000

4 月、5 月、6 月底预提借款利息时：

借：营业外支出　　　　　　　　1 100

　　贷：短期借款　　　　　　　　1 100

6 月底归还借款时：

借：短期借款　　　　　　　　203 300

　　贷：银行存款　　　　　　　　203 300

要求：指出该公司会计处理的不当之处。分析该公司对这项业务的不当处理是否会影响年度的损益状况，并进行相应的账项调整。

分析：

① 该公司对预提借款利息每月 1 100 元的会计处理不当。

账项调整：

借：财务费用　　　　　　　　3 300

　　贷：营业外支出　　　　　　　　3 300

② 因为无论把利息费用记入“营业外支出”还是“财务费用”科目，其数额都在该年度损益中抵减。因此尽管该公司的会计分录中使用的科目不对，但不会影响该公司该年度的损益。

（3）长期借款的实质性测试程序。长期借款的实质性测试程序主要包括以下内容：

① 获取或编制长期借款明细表，复核其加计数是否正确，并与明细账和总账核对相符。

② 对年度内增加的长期借款，应检查借款合同和授权批准，了解借款数额、借款条件、借

款日期、还款期限和借款利率并与相关会计记录相核对。

③ 审查长期借款的使用是否符合借款合同的规定，重点审查长期借款使用的合理性。

④ 向银行或其他债权人函证重大的长期借款。

⑤ 对年度内减少的长期借款，注册会计师应检查相关记录和原始凭证，核实还款数额。

⑥ 检查一年内到期的长期借款是否已转列为流动负债。

⑦ 计算长期借款的各个月份的平均余额，选取适用的利率匡算利息支出总额，并与基建成本、财务费用的相关记录进行核对，判断被审计单位是否高估或低估利息支出，必要时进行适当调整。

⑧ 审查企业抵押期借款的抵押资产的所有权是否属于企业，其价值和现实状况是否与抵押契约中的规定相一致。

⑨ 检查借款费用的会计处理是否正确。

⑩ 检查长期借款是否已在资产负债表中做了充分披露。

2. 所有者权益审计

（1）所有者权益的审计目标。所有者权益是指企业投资人对企业净资产的所有权。企业净资产等于企业全部资产减去全部负债后的余额，其中包括投资者对企业的最初投入，以及资本公积金、盈余公积金和未分配利润，对股份制企业即为股东权益。所有者权益的审计目标主要包括：

① 确定被审计单位有关所有者权益内部控制是否存在和有效且一贯遵守，包括对投资的有关协议、合同和企业章程条款，利润分配的决议、方案与会计处理程序等方面的检查，并为被审计单位改善内部控制提供意见或建议。

② 确定投入资本、资本公积的形成、增减及其他有关经济业务会计记录的合法性与真实性，为投资者及其他有关方面研究企业的财务结构，进行投资决策提供依据。

③ 确定盈余公积和未分配利润的形成以及其增减变动的合法性和真实性，为投资者及其他有关方面了解企业的增值和积累情况提供资料。

④ 检查所有者权益是否已在资产负债表中做了恰当披露。

（2）实收资本（股本）的实质性测试程序。股本是股份有限公司按照公司章程、合同和投资协议的规定向股东募集的资本，代表股东对公司净资产的所有权。股本通常不发生变化，只有在股份有限公司设立、增资扩股和减资时发生变化。股份有限公司以外的组织形式的企业，其投入资本在“实收资本”科目中核算。实收资本与股本的实质性测试程序基本相同，通常包括以下主要内容：

① 索取或编制股本明细表，此表作为永久档案存档，可供本年度和以后年度检查股本时使用。

② 审阅公司章程、实施细则和股东大会、董事会会议记录。

③ 检查股东出资额、出资方式和出资比例是否符合公司章程、合同和协议规定。

④ 检查与股票发行、收回有关的原始凭证（通常包括发行股票登记簿、收回的股票、募股清单、银行对账单）和会计记录（通常包括银行存款日记账、总账，股本明细账、总账），以验

证股票发行和收回是否确实存在。

⑤ 函证发行在外的股票，以检查已发行的股票数量是否真实，是否均已收到股款或资产。

⑥ 检查股票发行费用的会计处理是否正确。

⑦ 检查股本是否已在资产负债表上恰当披露。

11 货币资金审计

应对货币资金中的内部控制进行控制测试，并对相关项目进行实质性测试

CFO 导语

开展审计工作时，应该知道：

1. 货币资金涉及哪些会计记录与凭证？

2. 货币资金的内部控制应如何设计？如何进行控制测试？

3. 如何对货币资金的主要项目进行实质性测试？

本项目架构

- 货币资金涉及的凭证和会计记录
- 货币资金内部控制及控制测试
- 货币资金主要项目审计

货币资金是流动性最强的资产，是企业进行生产经营必不可少的物质条件。货币资金审计是企业资产负债表审计的一个重要组成部分，主要包括库存现金、银行存款和其他货币资金的审计。

货币资金与各业务循环中的业务活动都存在着密切的联系，如图 11-1 所示。

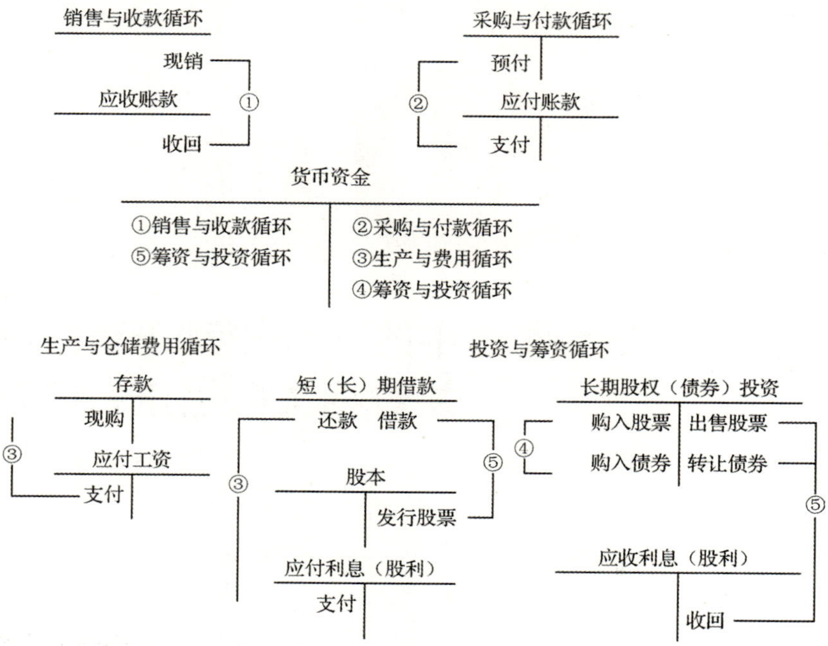

图 11-1 货币资金与各业务循环的业务活动关系

11.1 货币资金涉及的凭证和会计记录

——货币资金涉及哪些会计记录？

cfo 要求你懂得

货币资金涉及哪些会计凭证和记录——货币资金会计凭证和记录

关键术语

银行对账单（bank statement）
银行存款余额调节表（balance sheet of bank deposit balance）

11.1.1 货币资金业务循环

货币资金业务循环主要有处理单据、受理结算凭证、办理结算、收付款项和账务处理等内容。货币资金涉及的凭证和会计记录主要有以下几项。

1. 库存现金盘点表

库存现金盘点表是指企业在盘点库存现金时填制的，载明实存现金的面值、金额和调整事项等详细情况的书面资料。

2. 银行对账单

银行对账单是指银行客观记录企业资金流转情况的记录单。银行把记录企业在银行发生的每笔资金流转情况定期打印出来，即银行对账单，企业可以此为依据和其银行存款日记账进行核对。

3. 银行存款余额调节表

银行存款余额调节表，是在银行对账单余额与企业银行存款日记账账面余额的基础上，各自加上对方已收和本单位未收账项数额，减去对方已付和本单位未付账项数额，以调整双方余额，核对结果是否一致的表格式书面资料。

银行存款余额调节表只是一种对账记录的工具，并不是凭证。

4. 有关科目的记账凭证

有关科目的记账凭证包括现金收款凭证、现金付款凭证、银行收款凭证和银行付款凭证和会计账簿（如现金日记账和银行存款日记账）。

11.2 货币资金内部控制及控制测试

——货币资金需要从哪些方面设计内部控制？如何进行控制测试？

cfo 要求你懂得

货币资金如何设计内部控制——货币资金的内部控制

如何了解货币资金的内部控制——货币资金的控制测试

关键术语

印章保管（seal preservation）

11.2.1 货币资金内部控制

货币资金内部控制主要包括以下内容。

1. 岗位分工及授权批准制度

（1）建立货币资金业务的岗位责任制，明确相关部门和岗位的职责权限，确保办理货币资金业务的不相容，岗位相互分离、制约和监督。实行钱账分管，出纳人员不得兼任稽核、会计档案保管和收入、支出、费用和债权债务账目的登记工作。

企业不得由一人办理货币资金业务的全过程。

（2）对货币资金业务建立严格的授权批准制度。企业收付资金的业务须经有关经济业务负责人批准。审批人应当根据货币资金授权批准制度的规定，在授权范围内进行审批，不得超越审批权限；经办人应当在职责范围内，按照审批人的批准意见办理货币资金业务。

未经授权的机构或人员一律不得办理货币资金业务或直接接触货币资金，如出差人员预借差旅费时，须经有关负责人签字方可支用。

2. 收付款凭证的应用及账簿的登记制度

会计人员应及时根据已完成的现金收付业务及已编号并加盖现金收付戳记的记账凭证登记有关账簿。会计人员应当进行“账账、账表、账实”的核对，即要求日记账与总账、总账与财务报表、日记账和日报表与库存现金等进行定期核对，检查其是否相符，防止挪用现金。

3. 票据及有关印章的保管制度

（1）企业应当加强与货币资金相关的票据的管理，明确各种票据的购买、保管、领用、背书转让和注销等环节的职责权限和程序，并专设登记簿进行记录，防止空白票据的遗失和盗用。

（2）企业应当加强银行预留印鉴的管理。财务专用章应由专人保管，个人名章必须由本人或其授权人员保管。

严禁一人保管支付款项所需的全部印章。

4. 内部监督制度

企业应当建立对货币资金业务的监督检查制度，明确监督检查机构或人员的职责权限，定期和不定期地进行检查。

注册会计师通常实施以下程序，以了解和货币资金相关的内部控制：

（1）询问参与货币资金业务活动的被审计单位人员，如销售部门、采购部门和财务部门的员工和管理人员。

（2）观察货币资金业务流程中特定控制的执行，如观察被审计单位的出纳人员如何进行现金盘点。

（3）检查相关文件和报告，如检查银行存款余额调节表是否恰当编制以及其中的调节项是否经会计主管的恰当复核。

（4）实施穿行测试，即追踪货币资金业务在财务报告信息系统中的处理过程。穿行测试通常综合了询问、观察、检查和重新执行等多种程序。通过实施穿行测试，注册会计师通常能获取充分的信息以评价控制的设计和执行。

【例 11-1】华信食品股份有限公司下列与现金相关的内部控制，哪项是不正确的？

① 每日及时记录现金收入并定期向顾客寄送对账单；

② 担任登记现金日记账及总账职责的人员与担任现金出纳职责的人员分开；

③ 现金折扣需经过适当审批；

④ 每日盘点现金并与账面余额核对。

分析：第②项是不正确的。因为登记现金日记账就是出纳的职责，不能分开。同时，登记现金日记账与登记总账属于不相容职务，这两项职务应该分离。

11.2.2 货币资金的内部控制测试

货币资金的内部控制测试主要包括以下内容：

（1）抽取并检查一定数量的收款凭证，做如下检查：

① 核对收款凭证与存入银行账户的日期和金额是否相符。

② 核对银行存款日记账的收入金额是否正确。

③ 核对收款凭证与银行对账单是否相符。

④ 核对收款凭证与应收账款等明细账的有关记录是否相符。

⑤ 核对实收金额与销货发票等相关凭据是否一致。

（2）抽取并检查一定数量的付款凭证，做如下检查：

① 检查付款的授权批准手续是否符合规定。

② 核对银行存款日记账的付出金额是否正确。

③ 核对付款凭证与银行对账单是否相符。

④ 核对付款凭证与应付账款等相关明细账的记录是否一致。

⑤ 核对实付金额与购货发票等相关凭据是否相符。

（3）抽取一定期间的现金和银行存款日记账与总账核对。

（4）抽取一定期间的银行存款余额调节表，查验其是否按月正确编制并经复核。

（5）通过观察和询问等方法了解被审计单位的货币资金内部控制是否建立并严格执行。

11.3 货币资金主要项目审计

——如何对货币资金的主要项目进行实质性测试？

cfo 要求你懂得

如何了解库存现金的公允性和合法性——库存现金审计

如何了解银行存款的公允性和合法性——银行存款审计

如何了解其他货币资金的公允性和合法性——其他货币资金审计

如何验证库存现金的存在性——监盘

验证银行存款存在性的最有效的程序——函证

关键术语

库存现金（cash in stock）
银行存款审计（bank deposit audit）
其他货币资金（other monetary funds）

货币资金主要包括库存现金、银行存款和其他货币资金项目。

11.3.1 库存现金审计

现金账户通常被列为审计的重点，虽然通常情况下，现金占资产总额比例不高，但却是最容易出现问题的几个账户之一。

1. 库存现金的审计目标

库存现金是指单位为了满足经营过程中零星支付需要而保留的现金。库存现金的审计目标包括：

（1）确定被审计单位资产负债表的“货币资金”项目中的库存现金在资产负债表日是否存在（存在性认定）。

（2）确定记录的库存现金是否为被审计单位所拥有或控制（权利与义务认定）。

（3）确定被审计单位所有应当记录的现金收支业务是否均已记录完毕，有无遗漏（完整性认定）。

（4）确定库存现金的期末余额是否正确（计价与分摊认定）。

（5）确定库存现金在财务报表中的列报是否恰当（与披露和列报相关的认定）。

2. 库存现金的实质性测试程序

库存现金的实质性测试程序一般包括以下内容：

（1）核对库存现金日记账与总账的金额是否相符，如果不相符应查明原因，必要时应建议做出适当调整。

（2）监盘库存现金。监盘库存现金是证实资产负债表中“货币资金”项目所列库存现金是否存在的一项重要审计程序。盘点的库存现金包括已收到但未存入银行的现金、零用金和找换金。盘点库存现金的时间和人员应视被审计单位的具体情况而定，参加盘点的人员包括被审计单位的现金出纳人员和会计主管人员，同时审计人员进行现场监盘。

监盘库存现金的步骤与方法包括：

首先，制定库存现金盘点程序，实施突击性检查。盘点时间最好选择在上午上班前或下午下班后。在进行现金盘点前，应由出纳人员将现金集中起来存入保险柜。必要时可加以封存，然后由出纳人员把已办妥现金收付手续的收付款凭证登入库存现金日记账。如被审计单位库存现金存放部门有两处或两处以上的，应同时进行盘点。

其次，审阅库存现金日记账，同时与现金收付凭证相核对。检查库存现金日记账的记录与凭证的内容和金额是否相符，日期是否相符或接近。

第三，由出纳人员根据库存现金日记账加计和累计数额，结出现金余额。

第四，盘点保险柜内的现金实存数，由审计人员编制“库存现金监盘表”，分币种和面值列示盘点金额。出纳人员、会计主管及注册会计师应在“库存现金监盘表”上共同签字，作为重要的审计工作底稿。库存现金监盘表如表 11-1 所示。

表 11-1　库存现金监盘表

库存现金监盘表

** 企业	编制：	日期：
币种：	复核：	日期：

项目	工作底稿	金额	备注
实点库存现金金额 加：** 减：**			
库存现金账面金额（ 年 月 日） 银行核定库存现金金额			

第五，将盘点金额与库存现金日记账余额进行核对。如有差异应查明原因，并做出记录或调整。

第六，若有冲抵库存现金的借条、未提现支票和未做报销的原始凭证，应在“库存现金监盘表”中注明，必要时应提请被审计单位做出调整。

最后，资产负债表日后进行盘点时应通过调节法，调整至资产负债表日的金额。调整公式为：

资产负债表日库存现金实存金额 = 盘点日库存现金实存金额 + 资产负债表日后至盘点日库存现金支出数 - 资产负债表日后至盘点日库存现金收入数

【例 11-2】注册会计师王某对华信食品股份有限公司进行货币资金审计时，因某种原因于 2019 年 1 月 4 日实施监盘程序。经盘点，当日库存现金实存金额为 740 元。经查，2019 年 1 月 1 日至 4 日，库存现金收入 2 580 元，支出 2 560 元。若华信食品股份有限公司 2018 年 12 月 31 日库存现金余额为 720 元，则该公司的库存现金是否账实相符？

分析：根据题中所述，华信食品股份有限公司资产负债表日库存现金实存金额 =740+2 560−2 580=720 元，与华信食品股份有限公司 2018 年 12 月 31 日库存现金余额一致，因此该公司库存现金账实相符。

（3）抽查大额库存现金收支。审计人员应检查大额现金收支的原始凭证是否齐全、内容是否完整，有无授权批准，记账凭证与原始凭证是否相符，账务处理是否正确。如有与被审计单位生产经营无关的收支事项，应查明原因并做适当记录。

（4）审查库存现金收支的正确截止。审计人员应抽查资产负债表日前后若干天和一定金额以上的现金收支凭证实施截止测试，验证库存现金收支截止日期的正确性，以确定是否存在跨期事项。

（5）检查库存现金是否在财务报表中做出恰当充分的列报。

11.3.2 银行存款审计

银行存款审计是指对银行存款及其收付业务的真实性、正确性和合法性进行的审查。银行存款的审计，对揭示银行存款收支业务中存在的差错弊端，保护银行存款的安全完整，保证企业严格遵守国家结算纪律等方面有着重要的意义。银行存款审查的要点是：审查银行存款内部控制制度的健全性和有效性；审查银行存款余额的真实性和正确性；审查银行存款收支业务的合规性和合法性。

1. 银行存款的审计目标

银行存款是指企业存放在银行的货币资金。按照国家现金管理和结算制度的规定，每个企业都要在银行开立账户，称为结算户存款，用来办理存款、取款和转账结算。银行存款的审计目标通常包括：

（1）确定被审计单位资产负债表中“货币资金”项目的银行存款在资产负债表日是否确实存在（存在性认定）。

（2）确定记录的银行存款是否为被审计单位所拥有或控制（权利与义务认定）。

（3）确定被审计单位所有应当记录的银行存款收支业务是否均已记录完毕，有无遗漏（完整性认定）。

（4）确定银行存款的期末余额是否正确（计价与分摊认定）。

（5）确定银行存款在财务报表中的列报是否恰当（与披露和列报相关的认定）。

2. 银行存款的实质性测试程序

银行存款的实质性测试程序一般包括：

（1）获取或编制银行存款余额明细表。复核加计是否正确，并与总账数和日记账合计数核对是否相符。如果不相符，应查明原因，必要时应建议做出适当调整。

（2）执行实质性分析程序。审计人员应比较银行存款余额的本期实际数与预算数以及与上年度账户的差异变动；应计算银行存款累计余额应收利息收入，分析比较被审计单位银行存款应收利息收入与实际利息收入的差异是否恰当；检查银行存款中定期存款的比例，确定是否存在高息资金拆借。

（3）取得并检查银行存款余额对账单和银行存款余额调节表。取得并检查银行存款余额对账单和银行存款余额调节表是证实资产负债表中所列银行存款是否存在的重要程序。审计人员在取得或编制银行存款余额调节表后，首先应核实银行存款余额调节表数据计算的正确性，然后调查未达账项的真实性。

（4）函证银行存款余款余额。函证银行存款余额是证实资产负债表所列货币资金中的银行存款是否存在的又一重要程序。审计人员应当对银行存款（包括零余额账户和在本期内注销的账户）、借款及金融机构往来的其他重要信息全部实施函证程序。

对银行存款，应采用积极式函证。银行询证函如表 11-2 所示。

表 11-2 银行询证函

银行询证函

** 银行：　　　　　　　　　　编号：

本公司聘请 **** 会计师事务所正在对本公司的财务报表进行审计，按照《中国注册会计师执业准则》的要求，应当询证本公司与贵行的存款、借款往来等事项。下列数据出自本公司的账簿记录，如与贵行记录相符，请在本函下端“数据证明无误”处签章证明；如有不符，请在“数据不符”处列明不符金额。有关询证费用可直接从本公司账户中收款。回函请直接寄至 **** 会计师事务所。

通信地址：

邮编：　　　　　　电话：　　　　　　传真：

截至　　年　　月　　日止，本公司银行存款、借款账户余额等列示如下：

1. 银行存款

账户名称	银行账号	币种	利率	余额	备注

2. 银行借款

银行账号	币种	余额	借款日期	还款日期	利率	借款条件	备注

3. 其他事项

（公司签章）

结论：1. 数据证明无误。

（银行签章）

（日期）

2. 数据不符，请列明不符金额

（银行签章）

（日期）

（5）抽查大额银行存款收支。审计人员应抽查大额银行存款收支的原始凭证，检查原始凭证是否齐全、记账凭证与原始凭证是否相符、账务处理是否正确、是否记录于恰当的会计期间等内容。如有与被审计单位生产经营无关的收支事项，应查明原因并做相应的记录。

（6）检查银行存款收支的正确截止日期。审计人员应选取资产负债表日前后若干张、一定金额以上的凭证实施截止测试，关注业务内容及对应项目，如有跨期收支事项，应考虑是否提请被审计单位进行调整。

为了确保银行存款收付的正确截止，审计人员应当在清点支票及支票存根时，确定被审计单位在结束日签发的最后一张支票号码，并检查该号码之前的所有支票是否均已寄出并入账。在结账日开出的支票及其后开出的支票，均不得作为结账日的存款收付入账。

（7）检查银行存款是否在财务报表中做出恰当充分的列报。

11.3.3 其他货币资金审计

1. 其他货币资金审计目标

（1）确定被审计单位资产负债表中“其他货币资金”在会计报表日是否确实存在，是否为被审计单位所拥有。

（2）确定被审计单位在特定期间内发生的其他货币资金收支业务是否均已记录完毕，有无遗漏。

（3）确定其他货币资金的金额是否正确。

（4）确定其他货币资金在会计报表中的披露是否恰当。

2. 其他货币资金实质性测试程序

其他货币资金的实质性测试程序主要包括以下几方面的内容：

（1）核对外埠存款、银行汇票存款和银行本票存款等各明细账期末合计数与总账数是否相符。

（2）函证外埠存款户、银行汇票存款户和银行本票存款户期末余额。

（3）抽查一定样本量的原始凭证进行测试，检查其经济内容是否完整，有无适当的审批授权，并核对相关账户的进账情况。

（4）抽取资产负债表日后的大额收支凭证进行截止测试，如有跨期收支事项应做适当调整。

（5）检查其他货币资金的披露是否恰当。

12 审计报告

审计工作的最终结果

CFO导语

开展审计工作时，应该知道：

1. 审计报告是如何定义的？其基本内容是什么？
2. 审计意见包括哪些种类？确定的标准是什么？
3. 审计报告应如何编制？

本项目架构

- 审计报告的基本内容
- 审计报告的编制

12.1 审计报告的基本内容

——审计报告由哪几部分构成？

cfo 要求你懂得

1. 审计报告有哪些作用？
2. 标准审计报告的基本内容包括哪些？
3. 非标准审计报告有哪几种？
4. 不同的审计意见需具备什么标准？

关键术语

审计报告（audit report）
关键审计事项（key audit matters）
标准审计报告（standard audit report）
非标准审计报告（non standard audit report）
无保留意见（clean opinion）
强调事项段（emphasis paragraph）
保留意见（reservations）
否定意见（adverse opinion）
无法表示意见（disclaimer of opinion）

审计报告是指审计人员根据《中国注册会计师执业准则》的要求，根据审计计划对被审计单位实施必要的审计程序后，就被审计事项做出审计结论，提出审计意见和审计建议的书面文件。审计报告必须以书面文件的形式呈现，并且最终需要妥善保存。

审计报告是审计工作的最终结果，具有法定证明效力。注册会计师在对约定事项实施了必要的审计程序，确认作为发表审计意见依据的审计证据已得到充分的审查和鉴定后，应根据对审计证据的综合和判断，编制审计报告，以书面形式向委托人就被审计单位的财务状况、经营成果和现金流量是否公允反映发表审计意见。

12.1.1 审计报告的作用

编制审计报告是审计人员完成约定审计事项的一个非常重要的步骤，它是一项总结性的工作，其重要作用主要表现在以下几个方面：

（1）审计报告客观地反映被审计单位的财务状况和经营成果。

（2）审计报告可以传达审计结果为审计委托人或授权人做出正确的审计评价和决定提供依据。

（3）审计报告是具有公正性的证明文件也是衡量审计工作质量的尺度。

（4）审计报告可以提供准确的审计信息，是促使有关单位改进工作的建议书。

12.1.2 审计报告的基本内容

审计报告应采用书面形式，其基本内容包括：

（1）标题。审计报告的标题统一规范为“审计报告”。

（2）收件人。审计报告的收件人，应当按照审计业务约定的要求载明。

（3）审计意见。审计报告正文的第一部分应当为“审计意见”部分，并以“审计意见”作为标题。审计意见部分还应注意：

① 指出被审计单位的名称。

② 说明财务报表已经审计。

③ 指出构成整套财务报表的第一财务报表的名称。

④ 提及财务报表附注，包括重大会计政策和会计估计。

⑤ 指明构成整套财务报表的每一财务报表的日期或涵盖的期间。

如果发表的是无保留意见，审计意见通常应当使用“我们认为，后附的财务报表在所有重大方面按照……的规定编制，公允反映了……”的措辞。

（4）形成审计意见的基础。审计报告正文的第二部分应当为“形成审计意见的基础”部分。该部分应包括以下内容：

① 说明注册会计师按照审计准则的规定执行了审计工作。

② 提及审计报告中用于描述审计准则规定的注册会计师责任的部分。

③ 声明注册会计师按照与审计相关的职业道德要求独立于被审计单位，并履行了职业道德方面的其他责任，声明中应当指明适用的职业道德要求。

④ 说明注册会计师是否相信获取的审计证据是充分、适当的，为发表审计意见提供了基础。

（5）管理层和治理层对财务报表的责任。审计报告正文应当包含“管理层和治理层对财务报表的责任”部分。该部分应当说明管理层和治理层负责以下内容：

① 按照适用的财务报表编制基础的规定编制财务报表使其实现公允反映财务状况、经营成果和现金流量，并设计、执行和维护必要的内部控制，以使财务报表不存在由于舞弊或错误导致的重大错报。

② 评估被审计单位的持续经营能力和使用持续经营假设是否适当，并披露与持续经营相关的事项，对管理层和治理层评估责任的说明应当包括描述在何种情况下使用持续经营假设是适当的。

（6）注册会计师对财务报表审计的责任。审计报告正文应当包含“注册会计师对财务报表审计的责任”部分。该部分应当包括以下内容：

① 说明注册会计师的目标，是对财务报表整体是否不存在由于舞弊或错误导致的重大错报获取合理保证，并出具包含审计意见的审计报告。

② 说明合理保证是高水平的保证，但并不能保证按照审计准则执行的审计在某一重大错报存在时总能被发现。

③ 说明错报可能由于舞弊或错误导致。

注册会计师对财务报表的责任部分还应当包括说明在按照审计准则执行审计工作的过程中，注册会计师运用职业判断，并保持职业怀疑；通过说明注册会计师的责任对审计工作进行描述。

（7）按照相关法律、法规的要求报告的事项（如适用）。如果注册会计师在对财务报表出具的审计报告中，履行了审计准则规定的注册会计师责任外的其他报告责任，则审计报告正文应当包含“按照相关法律、法规的要求报告的事项”部分。

（8）注册会计师的签名和盖章。审计报告应当由项目合伙人和另一名负责该项目的注册会计师签名和盖章。

（9）会计师事务所的名称、地址和盖章。审计报告应当载明会计师事务所的名称和地址，并加盖会计师事务所的公章。

（10）报告日期。审计报告日应在注册会计师获取充分、适当的审计证据之后。审计报告日不能早于最后一张审计工作底稿的日期。

12.1.3 关键审计事项

关键审计事项，是指注册会计师根据职业判断认为对本期财务报表审计最为重要的事项。关键审计事项应从注册会计师与治理层沟通过的事项中选取。

注册会计师应当在审计报告中单设一部分，以“关键审计事项”为标题，并在该部分使用恰当的子标题逐项描述关键审计事项。如果是标准无保留意见的审计报告，则在“关键审计事项”部分的引言段说明以下两点：

（1）关键审计事项是注册会计师根据职业判断，认为对本期财务报表审计最为重要的事项；

（2）关键审计事项的应对以对财务报表整体进行审计并形成审计意见为背景，注册会计师不对关键审计事项单独发表意见。

12.1.4 标准审计报告和非标准审计报告

1. 标准审计报告

标准审计报告，是指不含有“说明”段、“强调事项”段、“其他事项”段或其他任何修饰性用语的无保留意见的审计报告。

如果认为财务报表在所有重大方面按照适用的财务报告编制基础的规定编制并实现合法和公允反映，注册会计师应当发表无保留意见。

“标准审计报告”格式和内容举例如表 12-1 所示。

表 12-1 “标准审计报告”格式

审计报告

A股份有限公司全体股东：

一、对财务报表出具的审计报告

（一）审计意见

我们审计了A股份有限公司财务报表，包括2017年12月31日的资产负债表、2017年度的利润表、现金流量表和股东权益变动表，以及财务报表附注（包括重大会计政策和会计估计）。

我们认为，A股份有限公司财务报表在所有重大方面按照《企业会计准则》和《企业会计制度》的有关规定编制，公允反映了A股份有限公司2017年12月31日的财务状况以及2017年度的经营成果和现金流量。

（二）形成审计意见的基础

我们按照《中国注册会计师审计准则》的有关规定执行了审计工作。审计报告的“注册会计师对财务报表审计的责任”部分进一步阐述了我们在这些准则下的责任。按照《中国注册会计师职业道德守则》有关规定，我们独立于A股份有限公司，并履行了职业道德方面的其他责任。我们相信，我们获取的审计证据是充分、适当的，为发表审计意见提供了基础。

（三）关键审计事项

关键审计事项是我们根据职业判断，认为对本期财务报表审计最为重要的事项。这些事项的应对以对财务报表整体进行审计并形成审计意见为背景，我们不对这些事项单独发表意见。

在公司良好业绩背后，是A股份有限公司与控股股东存在的巨额的关联交易。公司2017年向控股股东及其子公司关联方出售商品和提供劳务发生关联交易金额为750.36亿元，占总收入的78.8%。有些关联交易难以找到市场可比价格。

（四）其他信息

董事会对其他信息负责，其他信息包括A股份有限公司“十三五”规划报告中涵盖的信息，但不包括财务报表和我们的审计报告。

我们对财务报表的审计意见并不涵盖其他信息，我们也不对其他信息发表任何形式的鉴证结论。

结合我们对财务报表的审计，我们的责任是阅读其他信息，在此过程中考虑其他信息是否与财务报表或我们在审计过程中了解的情况存在重大不一致或者似乎存在重大错报。

基于我们已经执行的工作，如果我们确定其他信息存在重大错报，我们应当报告该事实。本次审计，我们确定其他信息不存在重大错报。

（五）管理层和治理层对财务报表的责任

管理层负责按照《企业会计准则》的规定编制财务报表，使其实现公允反映，并设计、执行和维护必要的内部控制，以使财务报表不存在由于舞弊或错误而导致的重大错报。

在编制财务报表时，管理层负责评估A股份有限公司的持续经营能力，披露与持续经营相关的事项（如适用），并运用持续经营假设，除非管理层计划清算A股份有限公司、终止运营或另无其他现实的选择。

治理层负责监督A股份有限公司的财务报告过程。

（六）注册会计师对财务报表审计的责任

我们的目标是对财务报表整体是否不存在由于舞弊或错误导致的重大错报获取合理保证，并出具包含审计意见的审计报告。合理保证是高水平的保证，但按照《中国注册会计师审计准则》执行的审计并不能保证一定会发现存在的重大错报。错报可能由于舞弊或错误导致，如果合理预期错报单独或汇总起来可能影响财务报表使用者依据财务报表做出的经济决策，则通常认为错报是重大的。

在按照《中国注册会计师审计准则》执行审计工作的过程中，我们运用职业判断，并保持职业怀疑。同时，我们也执行以下工作：

（1）识别和评估由于舞弊或错误导致的财务报表重大错报风险，设计和实施审计程序以应对这些风险，并获取充分、适当的审计证据，作为发表审计意见的基础。由于舞弊涉及串通、伪造、故意遗漏、虚假陈述或凌驾于内部控制之上，未能发

（续表）

现由于舞弊导致的重大错报的风险高于未能发现由于错误导致的重大错报的风险。

（2）了解与审计相关的内部控制，以设计恰当的审计程序，但目的并非对内部控制的有效性发表意见。

（3）评价管理层选用会计政策的恰当性和做出会计估计及相关披露的合理性。

（4）对管理层使用持续经营假设的恰当性得出结论。同时，根据获取的审计证据，就可能导致对A股份有限公司持续经营能力产生重大疑虑的事项或情况是否存在重大不确定性得出结论。如果我们得出结论认为存在重大不确定性，《中国注册会计师审计准则》要求我们在审计报告中提请报表使用者注意财务报表中的相关披露；如果披露不充分，我们应当发表非无保留意见。我们的结论基于截至审计报告日可获得的信息。然而，未来的事项或情况可能导致A股份有限公司不能持续经营。

（5）评价财务报表的总体列报、结构和内容（包括披露），并评价财务报表是否公允反映相关交易和事项。

我们与治理层就计划的审计范围、时间安排和重大审计发现等事项进行沟通，包括沟通我们在审计中识别出的值得关注的内部控制缺陷。

我们还就已遵守与独立性相关的职业道德要求向治理层提供声明，并与治理层沟通可能被合理认为影响我们独立性的所有关系和其他事项，以及相关的防范措施（如适用）。

从与治理层沟通的事项中，我们确定哪些事项对本期财务报表审计最为重要，因而构成关键审计事项。我们在审计报告中描述这些事项，除非法律、法规禁止公开披露这些事项，或在极少数情形下，如果合理预期在审计报告中沟通某事项造成的负面后果超过在公众利益方面产生的益处，我们确定不应在审计报告中沟通该事项。

二、按照相关法律、法规的要求报告的事项

根据现行法律、法规对其他报告责任性质的规定，我们没有发现A股份有限公司在所审计期间有需要报告的其他事项。

×× 会计师事务所　　　　中国注册会计师：刘某（项目合伙人）（签名并盖章）

（盖章）　　　　中国注册会计师：王某（签名并盖章）

中国 ×× 市　　　　二〇一八年二月十二日

2. 非标准审计报告

非标准审计报告是指标准审计报告以外的其他审计报告，包括带“强调事项”段和“其他事项”段的无保留意见的审计报告和非无保留意见的审计报告。非无保留意见的审计报告包括保留意见的审计报告、否定意见的审计报告和无法表示意见的审计报告。

当存在下列情形之一时，注册会计师应当在审计报告中发表非无保留意见：

（1）根据获取的审计证据，得出财务报表整体存在重大错报的结论。

（2）无法获取充分、适当的审计证据，不能得出财务报表整体不存在重大错报的结论。

当出具非无保留意见的审计报告时，注册会计师应当在注册会计师的责任段之后、审计意见段之前增加说明段，说明导致发表非无保留意见的所有原因，并在可能的情况下，指出其对财务报表的影响程度。

（3）带“强调事项”段和“其他事项”段的无保留意见审计报告。

①“强调事项”段和“其他事项”段的含义。

强调事项段，是指审计报告中含有的一个段落，该段落提及已在被审计单位财务报表中恰当列报或披露的事项，根据注册会计师的职业判断，该事项对财务报表使用者理解财务报表至关重要。

其他事项段，是指审计报告中含有的一个段落，该段落提及未在被审计单位财务报表中列报或披露的事项，根据注册会计师的职业判断，该事项与财务报表使用者理解审计工作、注册会计师的责任或审计报告相关。

“强调事项”段和“其他事项”段通常安排在“形成审计意见的基础”段之后，“关键审计事项”段之前，如果一份审计报告中同时存在“强调事项”和“其他事项”，通常“强调事项”段在“其他事项”段之前。

② 无保留意见中的“强调事项”段示例。如果审计报告中包含“强调事项”段，注册会计师应当将“强调事项”段作为单独的一部分置于审计报告中，并使用包含“强调事项”这一术语的适当标题；并且明确提及被“强调事项”及其相关披露位置，以使能够在财务报表中找到对该事项的详细描述；同时，指出审计意见没有因该“强调事项”而改变。

带“强调事项”段的无保留意见审计报告格式举例如表 12-2 所示。

表 12-2 带“强调事项”段的无保留意见审计报告格式

审计报告
B 股份有限公司全体股东： 一、对财务报表出具的审计报告 （一）审计意见 我们审计了 B 股份有限公司财务报表，包括 2018 年 12 月 31 日的资产负债表、2018 年度的利润表、现金流量表和股东权益变动表，以及财务报表附注（包括重大会计政策和会计估计）。 我们认为，B 股份有限公司财务报表在所有重大方面按照《企业会计准则》和《企业会计制度》的规定编制，公允反映了 B 股份有限公司 2018 年 12 月 31 日的财务状况以及 2018 年度的经营成果和现金流量。 （二）形成审计意见的基础 我们按照《中国注册会计师审计准则》的有关规定执行了审计工作。审计报告的“注册会计师对财务报表审计的责任”部分进一步阐述了我们在这些准则下的责任。按照《中国注册会计师职业道德守则》，我们独立于 B 股份有限公司，并履行了职业道德方面的其他责任。我们相信，我们获取的审计证据是充分、适当的，为发表审计意见提供了基础。 （三）强调事项 我们提醒财务报表使用者关注，财务报表附注（九）描述了火灾对 B 股份有限公司的生产设备造成的影响。本段内容不影响已发表的审计意见。 （四）关键审计事项 关键审计事项是我们根据职业判断，认为对本期财务报表审计最为重要的事项。这些事项的应对以对财务报表整体进行审计并形成审计意见为背景，我们不对这些事项单独发表意见。 B 股份有限公司 2018 年 12 月份出售了 1 200 万股中宏证券，获利约 2.67 亿元。非经常性损益占 B 股份有限公司 2018 年净利润的 67%。 （五）其他信息 董事会对其他信息负责，其他信息包括 B 股份有限公司发表战略调整报告中涵盖的信息，但不包括财务报表和我们的审计报告。 我们对财务报表的审计意见并不涵盖其他信息，我们也不对其他信息发表任何形式的鉴证结论。 结合我们对财务报表的审计，我们的责任是阅读其他信息，在此过程中，考虑其他信息是否与财务报表或我们在审计过程中了解的情况存在重大不一致或者似乎存在重大错报。 基于我们已经执行的工作，如果我们确定其他信息存在重大错报，我们应当报告该事实。本次审计，我们确定其他信息不存在重大错报。

（续表）

（六）管理层和治理层对财务报表的责任

管理层负责按照《企业会计准则》的规定编制财务报表，使其实现公允反映，并设计、执行和维护必要的内部控制，以使财务报表不存在由于舞弊或错误而导致的重大错报。

在编制财务报表时，管理层负责评估B股份有限公司的持续经营能力，披露与持续经营相关的事项（如适用），并运用持续经营假设，除非管理层计划清算B股份有限公司、终止运营或另无其他现实的选择。

治理层负责监督B股份有限公司的财务报告过程。

（七）注册会计师对财务报表审计的责任

我们的目标是对财务报表整体是否不存在由于舞弊或错误导致的重大错报获取合理保证，并出具包含审计意见的审计报告。合理保证是高水平的保证，但按照《中国注册会计师审计准则》执行的审计并不能保证一定会发现存在的重大错报。错报可能由于舞弊或错误导致，如果合理预期错报单独或汇总起来可能影响财务报表使用者依据财务报表做出的经济决策，则通常认为错报是重大的。

在按照《中国注册会计师审计准则》执行审计工作的过程中，我们运用职业判断，并保持职业怀疑。同时，我们也执行以下工作：

（1）识别和评估由于舞弊或错误导致的财务报表重大错报风险，设计和实施审计程序以应对这些风险，并获取充分、适当的审计证据，作为发表审计意见的基础。由于舞弊涉及串通、伪造、故意遗漏、虚假陈述或凌驾于内部控制之上，未能发现由于舞弊导致的重大错报的风险高于未能发现由于错误导致的重大错报的风险。

（2）了解与审计相关的内部控制，以设计恰当的审计程序，但目的并非对内部控制的有效性发表意见。

（3）评价管理层选用会计政策的恰当性和做出会计估计及相关披露的合理性。

（4）对管理层使用持续经营假设的恰当性得出结论。同时，根据获取的审计证据，就可能导致对B股份有限公司持续经营能力产生重大疑虑的事项或情况是否存在重大不确定性得出结论。如果我们得出结论认为存在重大不确定性，《中国注册会计师审计准则》要求我们在审计报告中提请报表使用者注意财务报表中的相关披露；如果披露不充分，我们应当发表非无保留意见。我们的结论基于截至审计报告日可获得的信息。然而，未来的事项或情况可能导致B股份有限公司不能持续经营。

（5）评价财务报表的总体列报、结构和内容（包括披露），并评价财务报表是否公允反映相关交易和事项。

我们与治理层就计划的审计范围、时间安排和重大审计发现等事项进行沟通，包括沟通我们在审计中识别出的值得关注的内部控制缺陷。

我们还就已遵守与独立性相关的职业道德要求向治理层提供声明，并与治理层沟通可能被合理认为影响我们独立性的所有关系和其他事项，以及相关的防范措施（如适用）。

从与治理层沟通的事项中，我们确定哪些事项对本期财务报表审计最为重要，因而构成关键审计事项。我们在审计报告中描述这些事项，除非法律、法规禁止公开披露这些事项，或在极少数情形下，如果合理预期在审计报告中沟通某事项造成的负面后果超过在公众利益方面产生的益处，我们确定不应在审计报告中沟通该事项。

二、按照相关法律、法规的要求报告的事项

根据现行法律、法规对其他报告责任性质的规定，我们没有发现B股份有限公司在所审计期间有需要报告的其他事项。

××会计师事务所　　中国注册会计师：刘某（项目合伙人）（签名并盖章）

（盖章）　　中国注册会计师：王某（签名并盖章）

中国××市　　二〇一九年二月十二日

③ 无保留意见中的“其他事项”段示例。如果在审计报告中包含“其他事项”段，注册会计师应当将“其他事项”段作为单独的一部分置于审计报告中，并使用包含“其他事项”这一术语的适当标题。

带“其他事项”段的无保留意见审计报告格式举例如表12-3所示。

表12-3 带“其他事项”段的无保留意见审计报告格式

审计报告

C股份有限公司全体股东：

一、对财务报表出具的审计报告

（一）审计意见

我们审计了C股份有限公司财务报表，包括2018年12月31日的资产负债表、2018年度的利润表、现金流量表和股东权益变动表，以及财务报表附注（包括重大会计政策和会计估计）。

我们认为，C股份有限公司财务报表在所有重大方面按照《企业会计准则》和《企业会计制度》的有关规定编制，公允反映了C股份有限公司2018年12月31日的财务状况以及2018年度的经营成果和现金流量。

（二）形成审计意见的基础

我们按照《中国注册会计师审计准则》的规定执行了审计工作。审计报告的“注册会计师对财务报表审计的责任”部分进一步阐述了我们在这些准则下的责任。按照《中国注册会计师职业道德守则》，我们独立于C股份有限公司，并履行了职业道德方面的其他责任。我们相信，我们获取的审计证据是充分、适当的，为发表审计意见提供了基础。

（三）其他事项

在审计过程中，我们发现C股份有限公司于2018年12月通过了在2018年实施大幅度降低产品销售价格扩大市场占有率的经营策略，这预计将导致C股份有限公司在2018年出现利润减少5 600万元，提醒财务报表使用者关注。本段内容不影响已发表的审计意见。

（四）关键审计事项

关键审计事项是我们根据职业判断，认为对本期财务报表审计最为重要的事项。这些事项的应对以对财务报表整体进行审计并形成审计意见为背景，我们不对这些事项单独发表意见。

C股份有限公司2018年获得的政府补贴为8 130.32万元，在这部分政府补贴中，资源综合利用增值税退税总计7 985.31万元。政府补贴占C股份有限公司2018年净利润的48%。

（五）其他信息

董事会对其他信息负责，其他信息包括C股份有限公司参与“一带一路”发展报告中涵盖的信息，但不包括财务报表和我们的审计报告。

我们对财务报表的审计意见并不涵盖其他信息，我们也不对其他信息发表任何形式的鉴证结论。

结合我们对财务报表的审计，我们的责任是阅读其他信息，在此过程中，考虑其他信息是否与财务报表或我们在审计过程中了解的情况存在重大不一致或者似乎存在重大错报。

基于我们已经执行的工作，如果我们确定其他信息存在重大错报，我们应当报告该事实。本次审计，我们确定其他信息不存在重大错报。

（六）管理层和治理层对财务报表的责任

管理层负责按照《企业会计准则》的有关规定编制财务报表，使其实现公允反映，并设计、执行和维护必要的内部控制，以使财务报表不存在由于舞弊或错误而导致的重大错报。

在编制财务报表时，管理层负责评估C股份有限公司的持续经营能力，披露与持续经营相关的事项（如适用），并运用持续经营假设，除非管理层计划清算C股份有限公司、终止运营或另无其他现实的选择。

治理层负责监督C股份有限公司的财务报告过程。

（七）注册会计师对财务报表审计的责任

我们的目标是对财务报表整体是否不存在由于舞弊或错误导致的重大错报获取合理保证，并出具包含审计意见的审计报告。合理保证是高水平的保证，但按照《中国注册会计师审计准则》执行的审计并不能保证一定会发现存在的重大错报。错报可能由于舞弊或错误导致，如果合理预期错报单独或汇总起来可能影响财务报表使用者依据财务报表做出的经济决策，则

（续表）

通常认为错报是重大的。 在按照《中国注册会计师审计准则》执行审计工作的过程中，我们运用职业判断并保持职业怀疑。同时，我们也执行以下工作： （1）识别和评估由于舞弊或错误导致的财务报表重大错报风险，设计和实施审计程序以应对这些风险，并获取充分、适当的审计证据，作为发表审计意见的基础。由于舞弊涉及串通、伪造、故意遗漏、虚假陈述或凌驾于内部控制之上，未能发现由于舞弊导致的重大错报的风险高于未能发现由于错误导致的重大错报的风险。 （2）了解与审计相关的内部控制，以设计恰当的审计程序，但目的并非对内部控制的有效性发表意见。 （3）评价管理层选用会计政策的恰当性和做出会计估计及相关披露的合理性。 （4）对管理层使用持续经营假设的恰当性得出结论。同时，根据获取的审计证据，就可能导致对C股份有限公司持续经营能力产生重大疑虑的事项或情况是否存在重大不确定性得出结论。如果我们得出结论认为存在重大不确定性，《中国注册会计师审计准则》要求我们在审计报告中提请报表使用者注意财务报表中的相关披露；如果披露不充分，我们应当发表非无保留意见。我们的结论基于截至审计报告日可获得的信息。然而，未来的事项或情况可能导致C股份有限公司不能持续经营。 （5）评价财务报表的总体列报、结构和内容（包括披露），并评价财务报表是否公允反映相关交易和事项。 我们与治理层就计划的审计范围、时间安排和重大审计发现等事项进行沟通，包括沟通我们在审计中识别出的值得关注的内部控制缺陷。 我们还就已遵守与独立性相关的职业道德要求向治理层提供声明，并与治理层沟通可能被合理认为影响我们独立性的所有关系和其他事项，以及相关的防范措施（如适用）。 从与治理层沟通的事项中，我们确定哪些事项对本期财务报表审计最为重要，因而构成关键审计事项。我们在审计报告中描述这些事项，除非法律、法规禁止公开披露这些事项，或在极少数情形下，如果合理预期在审计报告中沟通某事项造成的负面后果超过在公众利益方面产生的益处，我们确定不应在审计报告中沟通该事项。 二、按照相关法律、法规的要求报告的事项 根据现行法律、法规对其他报告责任性质的规定，我们没有发现C股份有限公司在所审计期间有需要报告的其他事项。 ××会计师事务所　　　　中国注册会计师：刘某（项目合伙人）（签名并盖章） （盖章）　　　　中国注册会计师：王某（签名并盖章） 中国××市　　　　二〇一九年二月十二日

（4）保留意见审计报告。

① 出具保留意见审计报告的情形。保留意见是审计人员对被审计单位财务报表的反映有所保留的审计意见。如果认为被审计单位财务报表就其整体是公允的，但存在下列情形之一时，应当发表保留意见：

a. 在获取充分、适当的审计证据后，注册会计师认为错报单独或累计起来对被审计单位财务报表影响重大，但不具有广泛性。

b. 注册会计师无法获取充分、适当的审计证据以作为形成审计意见的基础，但认为未发现的错报（如存在）对被审计单位财务报表可能产生的影响重大，但不具有广泛性。

保留意见是在不能提出无保留意见的情况下最不严厉的审计意见。

c. 保留意见审计报告示例。

如果出具保留意见，则标准审计报告格式中的“审计意见”段，直接替换为“保留意见”段，紧接着下一段为“形成保留意见的基础”段。

保留意见审计报告格式如表 12-4 所示。

表 12-4 保留意见审计报告格式

审计报告

D 股份有限公司全体股东：

一、对财务报表出具的审计报告

（一）保留意见

我们审计了 D 股份有限公司财务报表，包括 2018 年 12 月 31 日的资产负债表、2018 年度的利润表、现金流量表和股东权益变动表，以及财务报表附注（包括重大会计政策和会计估计）。

我们认为，除“形成保留意见的基础”部分所述事项产生的影响外，后附的财务报表在所有重大方面按照《企业会计准则》和《企业会计制度》的有关规定编制，公允反映了 D 股份有限公司 2018 年 12 月 31 日的财务状况以及 2018 年度的经营成果和现金流量。

（二）形成保留意见的基础

D 股份有限公司 2018 年 12 月 31 日资产负债表中存货的列示金额为 42 768 502 元。董事会根据成本对存货进行计量，而没有根据成本与可变现净值孰低的原则进行计量，这不符合《企业会计准则》的有关规定。D 股份有限公司的会计记录显示，如果董事会以成本与可变现净值孰低来计量存货，存货列示金额将减少 3 756 204 元。相应地资产减值损失将增加 3 756 204 元，所得税、净利润和股东权益将分别减少。

我们按照《中国注册会计师审计准则》的有关规定执行了审计工作。审计报告的“注册会计师对财务报表审计的责任”部分进一步阐述了我们在这些准则下的责任。按照《中国注册会计师职业道德守则》，我们独立于 D 股份有限公司，并履行了职业道德方面的其他责任。我们相信，我们获取的审计证据是充分、适当的，为发表审计意见提供了基础。

（三）其他信息

董事会对其他信息负责，其他信息包括 D 股份有限公司参与“一带一路”发展报告中涵盖的信息，但不包括财务报表和我们的审计报告。

我们对财务报表的审计意见并不涵盖其他信息，我们也不对其他信息发表任何形式的鉴证结论。

结合我们对财务报表的审计，我们的责任是阅读其他信息，在此过程中，考虑其他信息是否与财务报表或我们在审计过程中了解的情况存在重大不一致或者似乎存在重大错报。

基于我们已经执行的工作，如果我们确定其他信息存在重大错报，我们应当报告该事实。本次审计，我们确定其他信息不存在重大错报。

（四）关键审计事项

关键审计事项是我们根据职业判断，认为对本期财务报表审计最为重要的事项。这些事项的应对以对财务报表整体进行审计并形成审计意见为背景，我们不对这些事项单独发表意见。除“形成保留意见的基础”部分所述事项外，我们确定下列事项是需要在审计报告中沟通的关键事项。

D 股份有限公司 2018 年营业收入和盈利下降，经营活动产生的现金流量净额为 -1.27 亿元。对此，D 股份有限公司给出的解释是“行业不景气”所致。

（五）管理层和治理层对财务报表的责任

管理层负责按照《企业会计准则》的规定编制财务报表，使其实现公允反映，并设计、执行和维护必要的内部控制，以使财务报表不存在由于舞弊或错误而导致的重大错报。

在编制财务报表时，管理层负责评估 D 股份有限公司的持续经营能力，披露与持续经营相关的事项（如适用），并运用持续经营假设，除非管理层计划清算 D 股份有限公司、终止运营或另无其他现实的选择。

治理层负责监督 D 股份有限公司的财务报告过程。

（六）注册会计师对财务报表审计的责任

我们的目标是对财务报表整体是否不存在由于舞弊或错误导致的重大错报获取合理保证，并出具包含审计意见的审计报

（续表）

告。合理保证是高水平的保证，但按照《中国注册会计师审计准则》执行的审计并不能保证一定会发现存在的重大错报。错报可能由于舞弊或错误导致，如果合理预期错报单独或汇总起来可能影响财务报表使用者依据财务报表做出的经济决策，则通常认为错报是重大的。 在按照《中国注册会计师审计准则》执行审计工作的过程中，我们运用职业判断，并保持职业怀疑。同时，我们也执行以下工作： （1）识别和评估由于舞弊或错误导致的财务报表重大错报风险，设计和实施审计程序以应对这些风险，并获取充分、适当的审计证据，作为发表审计意见的基础。由于舞弊涉及串通、伪造、故意遗漏、虚假陈述或凌驾于内部控制之上，未能发现由于舞弊导致的重大错报的风险高于未能发现由于错误导致的重大错报的风险。 （2）了解与审计相关的内部控制，以设计恰当的审计程序，但目的并非对内部控制的有效性发表意见。 （3）评价管理层选用会计政策的恰当性和做出会计估计及相关披露的合理性。 （4）对管理层使用持续经营假设的恰当性得出结论。同时，根据获取的审计证据，就可能导致对D股份有限公司持续经营能力产生重大疑虑的事项，或情况是否存在重大不确定性得出结论。如果我们得出结论认为存在重大不确定性，《中国注册会计师审计准则》要求我们在审计报告中提请报表使用者注意财务报表中的相关披露；如果披露不充分，我们应当发表非无保留意见。我们的结论基于截至审计报告日可获得的信息。然而，未来的事项或情况可能导致D股份有限公司不能持续经营。 （5）评价财务报表的总体列报、结构和内容（包括披露），并评价财务报表是否公允反映相关交易和事项。 我们与治理层就计划的审计范围、时间安排和重大审计发现等事项进行沟通，包括沟通我们在审计中识别出的值得关注的内部控制缺陷。 我们还就已遵守与独立性相关的职业道德要求向治理层提供声明，并与治理层沟通可能被合理认为影响我们独立性的所有关系和其他事项，以及相关的防范措施（如适用）。 从与治理层沟通的事项中，我们确定哪些事项对本期财务报表审计最为重要，因而构成关键审计事项。我们在审计报告中描述这些事项，除非法律、法规禁止公开披露这些事项，或在极少数情形下，如果合理预期在审计报告中沟通某事项造成的负面后果超过在公众利益方面产生的益处，我们确定不应在审计报告中沟通该事项。 二、按照相关法律、法规的要求报告的事项 根据现行法律、法规对其他报告责任性质的规定，我们没有发现D股份有限公司在所审计期间有需要报告的其他事项。 ×× 会计师事务所　　　　中国注册会计师：刘某（项目合伙人）（签名并盖章） （盖章）　　　　中国注册会计师：王某（签名并盖章） 中国 ×× 市　　　　二〇一九年二月十二日

3. 否定意见审计报告

（1）出具否定意见审计报告的情形。当审计人员确信被审计单位整个财务报表存在严重错报和歪曲以至根本不能按照《企业会计准则》公允表达财务状况、经营成果和现金流量情况时，才发表否定意见。

在获取充分、适当的审计证据后，如果认为错报单独或累计起来对财务报表的影响重大且具有广泛性，注册会计师应发表否定意见。

（2）否定意见审计报告示例。如果出具否定意见，则标准审计报告格式中的“审计意见”段，直接替换为“否定意见”段，紧接着下一段为“形成否定意见的基础”段。

如果出具否定意见的审计报告，注册会计师应当在意见段中使用“由于上述问题造成的重大影响”或“由于受到前段所述事项的重大影响”等专业术语。

否定意见审计报告格式举例如表 12-5 所示。

表 12-5 否定意见审计报告格式

审计报告

E 股份有限公司全体股东：

一、对财务报表出具的审计报告

（一）否定意见

我们审计了 E 股份有限公司及其子公司的合并财务报表，包括 2018 年 12 月 31 日的合并资产负债表、2018 年度的合并利润表、合并现金流量表和合并股东权益变动表，以及合并财务报表附注（包括重大会计政策和会计估计）。

我们认为，由于“形成否定意见的基础”部分所述事项的重要性，后附的子公司合并财务报表没有在所有重大方面按照《企业会计准则》的有关规定编制，未能公允反映子公司 2018 年 12 月 31 日的合并财务状况以及 2018 年度的合并经营成果和合并现金流量。

（二）形成否定意见的基础

如财务报表附注六所述，2018 年子公司通过非同一控制下的企业合并获得对阳光公司的控制权，因未能取得购买日阳光公司某些重要资产和负债的公允价值，故未将阳光公司纳入合并财务报表的范围。按照《企业会计准则》的有关规定，该集团应将这一子公司纳入合并财务报表的范围，后附的子公司合并财务报表的多个报表项目将受到重大影响。但我们无法确定未将阳光公司纳入合并范围对合并财务报表产生的影响。

我们按照《中国注册会计师审计准则》的有关规定执行了审计工作。审计报告的“注册会计师对财务报表审计的责任”部分进一步阐述了我们在这些准则下的责任。按照《中国注册会计师职业道德守则》，我们独立于 E 股份有限公司，并履行了职业道德方面的其他责任。我们相信，我们获取的审计证据是充分、适当的，为发表审计意见提供了基础。

（三）其他信息

董事会对其他信息负责，其他信息包括 E 股份有限公司参与“一带一路”发展报告中涵盖的信息，但不包括财务报表和我们的审计报告。

我们对财务报表的审计意见并不涵盖其他信息，我们也不对其他信息发表任何形式的鉴证结论。

结合我们对财务报表的审计，我们的责任是阅读其他信息，在此过程中，考虑其他信息是否与财务报表或我们在审计过程中了解的情况存在重大不一致或者似乎存在重大错报。

基于我们已经执行的工作，如果我们确定其他信息存在重大错报，我们应当报告该事实。本次审计，我们确定其他信息不存在重大错报。

（四）关键审计事项

除“形成否定意见的基础”部分所述事项外，我们认为，没有其他需要在审计报告中沟通的关键事项。

（五）管理层和治理层对财务报表的责任

管理层负责按照《企业会计准则》的有关规定编制财务报表，使其实现公允反映，并设计、执行和维护必要的内部控制，以使财务报表不存在由于舞弊或错误而导致的重大错报。

在编制财务报表时，管理层负责评估 E 股份有限公司的持续经营能力，披露与持续经营相关的事项（如适用），并运用持续经营假设，除非管理层计划清算 E 股份有限公司、终止运营或另无其他现实的选择。

治理层负责监督 E 股份有限公司的财务报告过程。

（六）注册会计师对财务报表审计的责任

我们的目标是对财务报表整体是否不存在由于舞弊或错误导致的重大错报获取合理保证，并出具包含审计意见的审计报告。合理保证是高水平的保证，但按照《中国注册会计师审计准则》执行的审计并不能保证一定会发现存在的重大错报。错报可能由于舞弊或错误导致，如果合理预期错报单独或汇总起来可能影响财务报表使用者依据财务报表做出的经济决策，则

（续表）

通常认为错报是重大的。

在按照《中国注册会计师审计准则》执行审计工作的过程中，我们运用职业判断，并保持职业怀疑。同时，我们也执行以下工作：

（1）识别和评估由于舞弊或错误导致的财务报表重大错报风险，设计和实施审计程序以应对这些风险，并获取充分、适当的审计证据，作为发表审计意见的基础。由于舞弊涉及串通、伪造、故意遗漏、虚假陈述或凌驾于内部控制之上，未能发现由于舞弊导致的重大错报的风险高于未能发现由于错误导致的重大错报的风险。

（2）了解与审计相关的内部控制，以设计恰当的审计程序，但目的并非对内部控制的有效性发表意见。

（3）评价管理层选用会计政策的恰当性和做出会计估计及相关披露的合理性。

（4）对管理层使用持续经营假设的恰当性得出结论。同时，根据获取的审计证据，就可能导致对E股份有限公司持续经营能力产生重大疑虑的事项或情况是否存在重大不确定性得出结论。如果我们得出结论认为存在重大不确定性，《中国注册会计师审计准则》要求我们在审计报告中提请报表使用者注意财务报表中的相关披露；如果披露不充分，我们应当发表非无保留意见。我们的结论基于截至审计报告日可获得的信息，然而，未来的事项或情况可能导致E股份有限公司不能持续经营。

（5）评价财务报表的总体列报、结构和内容（包括披露），并评价财务报表是否公允反映相关交易和事项。

我们与治理层就计划的审计范围、时间安排和重大审计发现等事项进行沟通，包括沟通我们在审计中识别出的值得关注的内部控制缺陷。

我们还就已遵守与独立性相关的职业道德要求向治理层提供声明，并与治理层沟通可能被合理认为影响我们独立性的所有关系和其他事项，以及相关的防范措施（如适用）。

从与治理层沟通的事项中，我们确定哪些事项对本期财务报表审计最为重要，因而构成关键审计事项。我们在审计报告中描述这些事项，除非法律、法规禁止公开披露这些事项，或在极少数情形下，如果合理预期在审计报告中沟通某事项造成的负面后果超过在公众利益方面产生的益处，我们确定不应在审计报告中沟通该事项。

二、按照相关法律、法规的要求报告的事项

根据现行法律、法规对其他报告责任性质的规定，我们没有发现E股份有限公司在所审计期间有需要报告的其他事项。

××会计师事务所　　　　中国注册会计师：刘某（项目合伙人）（签名并盖章）

（盖章）　　　　中国注册会计师：王某（签名并盖章）

中国××市　　　　二〇一九年二月十二日

4. 无法表示意见的审计报告

（1）出具无法表示意见审计报告的情形。审计人员出具无法表示意见的审计报告，并不是不愿意发表意见，而是因为某些限制而未对某些重要事项取得证据，没有完成取证工作，使得审计人员无法判断问题的归属。因此如果无法获得充分、适当的审计证据以作为形成审计意见的基础，但认为未发现的错报（如存在）对财务报表可能产生的影响重大且具有广泛性，审计人员应当发表无法表示意见。

（2）无法表示意见的审计报告示例。当出具无法表示意见的审计报告时，应将标准审计报告格式中的“审计意见”段，直接替换为“无法表示意见”段，紧接着下一段为“形成无法表示意见的基础”段。在意见段中应使用“由于审计范围受到限制可能产生的影响非常重大和广泛”或“我们无法对上述财务报表发表意见”等专业术语。

无法表示意见审计报告格式举例如表12-6所示。

表 12-6 无法表示意见审计报告格式

审计报告

F 股份有限公司全体股东：

一、对财务报表出具的审计报告

（一）无法表示意见

我们审计了 F 股份有限公司财务报表，包括 2018 年 12 月 31 日的资产负债表、2018 年度的利润表、现金流量表和股东权益变动表，以及财务报表附注（包括重大会计政策和会计估计）。

我们不对后附的 F 股份有限公司财务报表发表审计意见。由于“形成无法表示意见的基础”部分所述事项的重要性，我们无法获取充分、适当的审计证据以作为对财务报表发表审计意见的基础。

（二）形成无法表示意见的基础

F 股份有限公司未对 2018 年 12 月 31 日的存货进行盘点，金额为 35 760 万元，占期末资产总额的 62%。我们无法实施存货监盘，也无法实施其他替代审计程序，以对期末存货的数量和状况获取充分、适当的审计证据。

（三）管理层和治理层对财务报表的责任

管理层负责按照《企业会计准则》的有关规定编制财务报表，使其实现公允反映，并设计、执行和维护必要的内部控制，以使财务报表不存在由于舞弊或错误而导致的重大错报。

在编制财务报表时，管理层负责评估 F 股份有限公司的持续经营能力，披露与持续经营相关的事项（如适用），并运用持续经营假设，除非管理层计划清算 F 股份有限公司、终止运营或另无其他现实的选择。

治理层负责监督 F 股份有限公司的财务报告过程。

（四）注册会计师对财务报表审计的责任

我们的责任是按照《中国注册会计师审计准则》的有关规定，对 F 股份有限公司的财务报表执行审计工作，以出具审计报告。但由于“形成无法表示意见的基础”部分所述的事项，我们无法获取充分、适当的审计证据以作为发表审计意见的基础。

二、按照相关法律、法规的要求报告的事项

根据现行法律、法规对其他报告责任性质的规定，我们没有发现 F 股份有限公司在所审计期间有需要报告的其他事项。

×× 会计师事务所　　中国注册会计师：刘某（项目合伙人）（签名并盖章）

（盖章）　　中国注册会计师：王某（签名并盖章）

中国 ×× 市　　二〇一九年二月十二日

12.2 审计报告的编制
——完成审计报告的主要程序是什么？

cfo 要求你懂得

1. 编制审计报告的基本要求是什么？
2. 编制审计报告的步骤有哪些？

关键术语

调整建议
审计意见

12.2.1 编制审计报告的基本要求

为便于审计报告使用者根据审计意见来判断被审计单位的财务状况、经营成果和现金流量情况，发挥审计报告的作用，审计报告的撰写应符合以下基本要求：

（1）内容全面，突出重点。内容全面是指审计报告要按《中国注册会计师执业准则》规定的形式、结构和内容编写。但并不是说审计报告的内容要面面俱到，在说明和表述审计意见时，应重点突出，充分揭示被审计单位所存在的影响财务报表的重要事项。

（2）实事求是，客观公正。审计报告是政策性很强的文件，撰写时必须重事实，以法律、法规为准绳，坚持原则，实事求是，客观公正地对被审计事项进行定性，提出处理意见。

（3）文字简练，措辞严谨。审计报告是送给被审计单位负责人、上级部门或有关部门领导看的，因此不宜写得太长。这就要求写审计报告时一定要层次分明，条理清楚；语言表达要简明扼要、准确无误，并尽量选用专业术语。

（4）数字准确，证据确凿。审计人员对审计报告中列举的数据资料要认真计算和复核，做到准确无误；对各种证据资料，也要亲自进行调查核实，使其既充分可靠，又具备有效的证明力，为发表审计意见奠定可靠的基础。

12.2.2 编制审计报告的步骤

编制审计报告是一项严格而谨慎的工作。为确保审计报告的质量，注册会计师应掌握编制审计报告的步骤和要求，认真做好审计报告的编制工作。审计报告一般由项目负责人编制。

一般来说，编制审计报告需要经过以下几个步骤：

1. 整理分析工作底稿

审计人员在完成审计任务的过程中形成的审计工作底稿是分散的和不系统的。因此，审计人员要在审阅工作底稿的基础上选择符合审计目的的有价值的证据资料，进行归类整理，作为撰写审计报告的基础。对审计工作底稿进行整理分析的情况，也应当在审计工作底稿中予以记录和说明。

2. 提出对被审计单位财务报表的调整建议

在整理和分析审计工作底稿的基础上，审计人员应向被审计单位介绍审计情况、初步结论和对于会计事项与财务报表项目的调整意见，提请被审计单位加以调整。审计报告如果用于公布目的，应附被审计单位调整后的财务报表。

3. 确定审计报告意见的类型和措辞

注册会计师在了解了被审计单位是否接受提出的调整建议以及是否已经做了调整以后，可以确定审计报告意见的类型和措辞。

4. 撰写审计报告

对审计工作底稿进行分析整理，并确定审计意见的类型和措辞之后，应拟定审计报告提纲。拟定提纲后，就可以考虑将资料用文字加以组织表述，形成审计报告初稿。审计报告可以由一个人执笔，也可以多人分工撰写。如果是分工撰写，最后必须由一人统稿，并授予修改权。审计报告完稿后，应经过会计师事务所主管合伙人或主任会计师的复核。审计报告经审核和修改定稿并完成签署后，正本直接报送委托人，副本归档留存。